财经新知文丛·体验

体验全域旅游

邬 冰 马思佳 编著

中国财经出版传媒集团

经济科学出版社
Economic Science Press

图书在版编目（CIP）数据

体验全域旅游／邬冰，马思佳编著 . —北京：经济科学出版社，2020.5
（财经新知文丛．体验系列）
ISBN 978-7-5141-9031-1

Ⅰ.①体… Ⅱ.①邬… ②马… Ⅲ.①旅游业发展 - 研究 Ⅳ.①F590.3

中国版本图书馆 CIP 数据核字（2020）第 062048 号

责任编辑：白留杰
责任校对：刘　昕
责任印制：李　鹏　范　艳

体验全域旅游

邬　冰　马思佳　编著

经济科学出版社出版、发行　新华书店经销
社址：北京市海淀区阜成路甲 28 号　邮编：100142
教材分社电话：010-88191354　发行部电话：010-88191522
网址：www.esp.com.cn
电子邮箱：bailiujie518@126.com
天猫网店：经济科学出版社旗舰店
网址：http://jjkxcbs.tmall.com
北京密兴印刷有限公司印装
880×1230　32 开　4 印张　100000 字
2020 年 8 月第 1 版　2020 年 8 月第 1 次印刷
ISBN 978-7-5141-9031-1　定价：18.00 元
(图书出现印装问题，本社负责调换。电话：010-88191510)
(版权所有　侵权必究　打击盗版　举报热线：010-88191661
　QQ：2242791300　营销中心电话：010-88191537
　电子邮箱：dbts@esp.com.cn)

编委会名单

主　编　刘明晖　梁　峰
成　员　(按姓氏笔画排序)
　　　　王　涛　田娟娟　白留杰
　　　　孙泽华　李晓庆　邱晓文
　　　　张　芳　郑琳琳　段永军
　　　　贾玉衡　郭　莹　梁　爽

总　序

　　党的十八大以来，以创新、协调、绿色、开放、共享为核心的新发展理念日益深入人心。五大发展理念，符合中国国情和发展阶段的基本特征，顺应了时代要求，指明了"十三五"乃至更长时期我国的发展思路、发展方向和发展着力点。深入理解、准确把握新发展理念的科学内涵和实践要求，对于我国破解发展难题，厚植发展优势，实施乡村振兴战略，实现"两个一百年"奋斗目标，具有重大现实意义和深远历史意义。

　　创新是引领发展的第一动力。发展动力决定发展速度、效能、可持续性。树立创新发展理念，就必须把创新摆在国家发展全局的核心位置，不断推进理论创新、制度创新、科技创新、文化创新等各方面创新，让创新贯穿党和国家的一切工作，让创新在全社会蔚然成风。

　　协调是持续健康发展的内在要求。树立协调发展理念，重点在于促进城乡区域协调发展，促进经济社会协调发展，促进新型工业化、信息化、城镇化、农业现代化同步发展，在增强国家硬实力的同时注重提升国家软实力，不断增强发展整体性。

　　绿色是永续发展的必要条件和人民对美好生活追求的重要体现。绿色发展，就是要解决好人与自然和谐共生问题，就是要走生产发展、生活富裕、生态良好的文明发展道路，推动清洁生产和绿色消费，加快建设资源节约型、环境友好型社会，形成人与自然和谐发展的现代化建设新格局，推进美丽中国建设，为全球生态安全做出新贡献。

开放是国家繁荣发展的必由之路。树立开放发展理念，就是要顺应我国经济深度融入世界经济的趋势，奉行互利共赢的开放战略，推动"一带一路"国际合作，积极参与全球经济治理和公共产品供给，提高我国在全球经济治理中的话语权，推动构建人类命运共同体。

共享是中国特色社会主义的本质要求。共享发展就要让全体人民共享国家经济、政治、文化、社会、生态文明各方面建设成果。树立共享发展理念，就是要坚持发展为了人民、发展依靠人民、发展成果由人民共享，做出更有效的制度安排，使全体人民在共建共享发展中有更多获得感，增强发展动力，增进人民团结，朝着共同富裕方向稳步前进。

五大发展理念，是我国引领中长期发展的理念。创新发展，是我国经济进入新常态后培育新动力的必然选择；协调发展，是缩小发展差距，解决地区之间、城乡之间发展不平衡的重要举措；绿色发展，是协调人与自然关系、还人民群众一个天蓝地绿水清的宜居环境的客观要求；开放发展，是统筹国内外发展，由"追赶""跟随"到"引领"并为世界发展贡献中国智慧的必由之路；共享发展，是让人民有更多获得感、让群众生活更美好的重要途径。

为了使读者深入理解和准确把握新发展理念的科学内涵，了解新发展理念在实践中的具体运用，我们响应党和国家关于"全民阅读"的系列计划与行动倡议，组织有关专家编写了这套"财经新知文丛"书系。"文丛"为开放性通俗读本，结合读者对于财经问题的关切，分别以不同的主题系列陆续推出。

总　序

"财经新知文丛·体验系列"首批共推出八本,具体包括:《体验"一带一路"》《体验双创生活》《体验微型金融》《体验绿色消费》《体验智慧城市》《体验微商经营》《体验特色小镇》《体验健康服务》。本丛书分别从不同的视角,展示新发展理念的生动实践,以及对我们日常生活的影响,对于开拓我们的视野,启迪我们的智慧,丰富我们的生活,将有很大的帮助。今后,我们还将根据社会发展和广大读者的需要,进一步推出新的内容。

为了能使读者在获取知识的同时享受阅读的快乐,本丛书遵循了以下原则。

1. 内容上力争积极、正面、严谨、科学,使读者在获取相关知识的同时在思想上有所启迪。

2. 形式上力求用较为通俗易懂的语言,深入浅出地介绍通识性知识、讲述基础性内容,使读者在获取知识的同时体验阅读的愉悦感。

3. 结构上避免专著与教材的呆板模式,按"问题"方式展开全书内容,适当插入一些"专家论道"和"百姓茶话"等小资料,使版式设计宽松活泼,让读者在获取知识的同时体验阅读的舒适感。

梁　峰

2018 年 2 月

前　言

　　21 世纪，世界各国纷纷把旅游业作为经济发展的核心动力之一，把完善全域旅游顶层设计和政策保障作为旅游业发展的基石。美国制定并实施了"国家旅行和旅游战略"，日本提出了"观光立国战略"，法国实施了"旅游质量计划"，韩国确定了战略性观光旅游产业培养方案，德国、英国、俄罗斯、巴西、南非等国也纷纷以国家战略的形式，通过政府高位谋划推动旅游业深入发展。

　　从 1978 年改革开放至今，我国的旅游业发展经历了从无到有，从小到大，从单一市场发展逐步扩展到国内、出境和入境三大市场全面发展。2016 年 7 月，习近平总书记在宁夏视察时指出，发展全域旅游，路子是对的，要坚持走下去。2017 年，李克强总理政府工作报告提出"大力发展全域旅游"，促使全域旅游上升为国家战略。同期，国家旅游局先后公布两批 500 家全域旅游示范区创建单位，覆盖 31 个省（区、市）和新疆生产建设兵团。目前，全国各地发展全域旅游的工作全面铺开，形成了党政主导、部门协同、整体联动、齐抓共管的旅游发展大格局。

　　全域旅游是一种生活方式。余光中在《何以解忧》中说，旅行的意义并不是告诉别人"这里我来过"，而是一种改变。旅行会改变人的气质，让人的目光变得更加长远。在旅途中，你会看到不同的人有不同的习惯，你才能了解到，并不是每个人都按照你的方式在生活。这样，人的心胸才会变得更宽广，我们才会以更好的心态去面对自己的生活。目前，外出旅游的人们越来越多，旅游消费占家庭支出比重逐渐增大，"富游""穷游""漫游"通通走进了人们的生活。

全域旅游是一种国家战略。它以旅游业为优势产业，进行统一规划布局、公共服务优化、综合统筹管理和整体营销推广，促进旅游业从单一景点景区建设向综合目的地建设转变，从门票经济向产业经济转变，从粗放低效方式向精细高效方式转变，从封闭的旅游自循环向开放的"旅游+"转变，从企业单打独享向社会共享共建转变，从围墙内民团式治安管理和社会管理向全面依法管理转变，从部门行为向党政统筹推进转变，努力实现旅游业现代化、品质化、集约化、国家化，最大限度地满足旅游休闲时代广大群众消费需求的发展新模式。

本书是经济科学出版社推出的财经新知文丛书·体验系列中的一本。在结构上，遵循问题解答式的逻辑导向，对全域旅游的理论和实践，通过体验式和启发式的思维方式，由浅入深、循序渐进，引用了中外旅游资源典型案例，力求通俗易懂。在内容上，着重探讨以下几个问题：

第一，全域旅游是什么？它不是区域内的全要素、全产业、全人员、全季节、全空间、全过程、全部门、全规划都发展旅游业。它是一种生活方式，与我们每个人息息相关，每个人都是旅游形象参与到旅游生活中，我们的家乡都可以像旅游目的地一样地发展和建设；它也是一种国家战略，以旅游业为优势资源，带动关联区域诸多产业协同发展，促进区域的经济社会、人与自然和谐健康。

第二，怎样体验全域旅游？它包括景区景点，但要改变以景区为主导的旅游空间结构，形成以景区、度假区、休闲区、购物区、旅游街区、旅游小镇、露营地、旅游绿道、旅游风景道等点、线、面不同旅游功能为架构的旅游目的地空间系统，推动我国旅游空间从景区为重心向旅游目的地为核心转型。书中以传统的景区景点旅游、流行的乡村旅游、潜力无限的休闲旅游和影响力巨大的会展旅游四种旅游类型，引导大家让旅游丰富生活，让旅游带动发展。

第三，怎样学习发达国家的全域旅游？书中引用了许多外国的旅游案例，西班牙、法国和美国等发达资本主义国家的旅游业发展得很好，值得我们好好学习和思考。例如瑞士格林瓦德村的旅游业有200多年的历史，人们的生活方式与自然景观的秀美宛若天成。诸如这样的例子在国内外有很多，全域旅游要以人为本地发展，要可持续地发展。我国的全域旅游还在路上，新时代是全域旅游发展的机遇，也是挑战，把文化浸入大旅游中是每个人的责任和义务。

邬 冰
2019年9月于丹东

目　　录

问题一　什么是全域旅游 ·· 1
　一、全域旅游的新认识 ··· 2
　二、全域旅游的新变化 ··· 4
　三、全域旅游的新带动 ··· 9

问题二　全域旅游离你有多远 ······································ 13
　一、享受一种旅游生活方式 ······································ 13
　二、熟悉常见的旅游类型 ··· 19
　三、寻找出行前的旅游魅力 ······································ 26

问题三　怎样体验景区景点旅游 ··································· 35
　一、畅游多彩的旅游世界 ··· 35
　二、品尝天下的美食 ·· 49
　三、购买生活化的商品 ··· 53

问题四　为什么发展乡村旅游 ······································ 58
　一、走进乡野的田园 ·· 60
　二、收获采摘的欢乐 ·· 63
　三、居住生态浸染的民宿 ··· 70
　四、旅游和发展同在路上 ··· 73

问题五 如何享受浪漫的休闲旅游 ·················· 77
一、品味自由轻松的闲暇时光 ························ 77
二、体验风情娱乐的主题园 ·························· 83
三、开启人与自然和谐的康养生活 ···················· 86

问题六 怎样参与高端的会展旅游 ·················· 94
一、欣赏国际展会风格 ······························ 95
二、订制我国的城市面包 ···························· 98
三、做足会展旅游的功课 ···························· 102

附录 国家全域旅游示范区有你的家乡吗 ············ 105
参考文献 ·· 113

问题一　什么是全域旅游

新时代，旅游逐渐成为我们的生活理念、行为方式，甚至变成一种习惯。人与人之间的问候从"吃了吗"变成"去哪儿旅游了"。我们的旅游形态也从传统的观光式旅游扩大到休闲度假式旅游、商务旅游、探险式旅游，以及各种异于个人生活的体验式旅游，旅游不再陌生，它已经成为现代生活的一种时尚和品质。

【链接】

2018年，我国国内旅游人数55.39亿人次，比上年同期增长10.8%。其中，城镇居民41.19亿人次，增长12.0%；农村居民14.20亿人次，增长7.3%。国内旅游收入5.13万亿元，比上年同期增长12.3%。其中，城镇居民花费4.26万亿元，增长13.1%；农村居民花费0.87万亿元，增长8.8%。出入境旅游总人数2.91亿人次，同比增长7.8%。其中，入境旅游人数14120万人次，比上年同期增长1.2%；中国公民出境旅游人数14972万人次，比上年同期增长14.7%；国际旅游收入1271亿美元，比上年同期增长3.0%。

全年实现旅游总收入5.97万亿元，同比增长10.5%。全国旅游业对GDP的综合贡献为9.94万亿元，占GDP总量的11.04%。旅游直接就业2826万人，旅游直接和间接就业7991万人，占全国就业总人口的 10.29%。

资料来源：文化和旅游部. 2018 年国内游人数突破 55 亿人次 [DB/OL]. www.mct.gov.cn.

一、全域旅游的新认识

国家旅游局局长李金早（2017）认为，全域旅游是指在一定区域内，以旅游业为优势产业，通过对区域内经济社会资源，尤其是旅游资源、相关产业、生态环境、公共服务、体制机制、政策法规、文明素质等进行全方位、系统化的优化提升，实现区域资源有机整合、产业融合发展、社会共建共享，以旅游业带动和促进经济社会协调发展的一种新的区域协调发展理念和模式。

（一）全域旅游是一种区域协调发展方式

从概念构建要素看，通常一个理论概念由名词、抽象定义和经验含义三部分组成。"全域"不是一个名词，它由全和域两个词所组成。全是指什么，域是指什么，并没有给予明确的规定，汉语词典中对"全"有多个解释，如完备、完整、整个、普遍、纯粹、完美等等；对"域"的解释包括地区、区域、范围、局限等多个方面；将两个具有多种含义又不是一个完整名词的词组合在一起，不具有名词的解释意义。因此，全域旅游并不是一个科学的学术概念，仅仅是在经验层面的总结，它是一种社会经济发展的模式或者是一种发展方式。

那么，为什么全域旅游能在社会上流行，并成为全社会普遍认可的一个概念呢？其实，从逻辑解释上只有一个，就是这个概念体现了各个不同群体的利益诉求。官员通过这个概念找到旅游管理工作的着力点和工作抓手；学者通过对这个概念的解释，探究自己学术研究的认知领域，反映出自己的学术价值和学术地位；

业界经营者通过这个概念寻找出自己企业的商机,提升企业的经营效益;我们每个生活中的个体可以通过旅游行为来体验这个概念,参与旅游化过程,从而提升自身的生活质量。

(二) 全域旅游上升为国家战略

全域旅游是把一定的区域作为完整的旅游目的地,以旅游业为优势产业,进行统一规划布局、公共服务优化、综合统筹管理和整体营销推广,促进旅游业从单一景点景区建设向综合目的地建设转变,从门票经济向产业经济转变,从粗放低效方式向精细高效方式转变,从封闭的旅游自循环向开放的"旅游+"转变,从企业单打独享向社会共享共建转变,从围墙内民团式治安管理和社会管理向全面依法管理转变,从部门行为向党政统筹推进转变,努力实现旅游业现代化、品质化、集约化、国家化,最大限度地满足旅游休闲时代广大群众消费需求的发展新模式。

国家文化和旅游局先后公布两批500家全域旅游示范区创建单位,覆盖31个省(区、市)和新疆生产建设兵团。目前,全国各地发展全域旅游的工作全面铺开,形成了党政主导、部门协同、整体联动、齐抓共管的旅游发展大格局。

【链接】

湖南省大旅游格局

《湖南省建设全域旅游基地三年行动计划(2018-2020年)》要求,将建设以"锦绣潇湘"为品牌的全域旅游基地作为总目标,夯实"五大旅游板块",创建30个全域旅游示范区和建设30个省级重点旅游项目。力争到2020年,全省旅游总收入突破1万亿元,旅游增加值占GDP的比重达到7%左右,游客平均消费水平达到1100元以上,接待入境旅游者突破400万人次;旅游产业结构更加优化，旅游经济总量、游客满意度指数进入全国前列，基本建成旅游经济强省和国内外知名旅游目的地。

湖南省五大旅游板块：长株潭旅游板块（长沙市、株洲市、湘潭市）、环洞庭湖旅游板块（岳阳市、常德市、益阳市、长沙市望城区）、大湘西旅游板块（张家界市、湘西自治州、常德市石门县和怀化市沅陵县、新晃县、麻阳县）、雪峰山旅游板块（邵阳市、怀化市、娄底市和益阳市安化县、桃江县）和大湘南旅游板块（衡阳市、郴州市、永州市和株洲市炎陵县）。

湖南规划建设的旅游线路有：张崀桂旅游走廊世界遗产旅游线（长沙—常德—张家界—湘西—怀化—邵阳—桂林）、"伟人故里"红色旅游线（韶山—湘乡—湘潭—宁乡—平江—浏阳—醴陵—攸县—茶陵—炎陵—桂东—汝城）、长江黄金水道与环洞庭江湖度假旅游线（武汉—岳阳—宜昌—重庆/长沙—岳阳—益阳—常德）、桃花江·桃花源美丽乡村旅游线〔长沙（望城）—赫山—桃江—安化—桃花源〕、"心愿之旅"祈福寻根旅游线（长沙—南岳—炎帝陵—舜帝陵）、"神韵雪峰"山地度假旅游线（邵阳—怀化—娄底）和"快乐之都"长株潭都市旅游线等跨区域旅游线路。以区域品牌培育和旅游业态创新为重点，全面提升旅游景区、旅游乡村、旅游小镇、旅游街区、旅游综合体，以及旅游城市的休闲度假功能和核心吸引力，将其打造成为资源品质高、品牌形象优、核心吸引力强的精品旅游线路，加快形成"锦绣潇湘"精品旅游线路优化布局。

资料来源：湖南省人民政府网站，http://www.hunan.gov.cn/.

二、全域旅游的新变化

（一）从景点景区旅游走向全域旅游的变化

第一，从单一景点景区建设和管理到综合目的地统筹发展转变。全域旅游破除了景点景区内外的体制壁垒和管理围墙，实行多规合一，公共服务一体化，旅游监管全覆盖，实现产品营销与目的地推广的有效结合。旅游基础设施和公共服务建设从景点景区拓展到所在地全域。例如，要从景点景区和城市的旅游"厕所革命"拓展为景点景区内外、城乡一体推进的全面"厕所革命"。

第二，从门票经济向产业经济转变。全域旅游实行分类改革，公益性景区要实行低价或免费开放，市场性投资开发的景点景区门票价格也要限高，遏制景点景区门票价格上涨过快势头，打击乱涨价和价格欺诈行为，从旅游过度依赖门票收入的阶段走出来。

第三，从导游必须由旅行社委派的封闭式管理体制向导游依法自由有序流动的开放式管理转变。全域旅游实现了导游执业的法制化和市场化。

第四，从粗放低效旅游向精细高效旅游转变。全域旅游深化供给侧结构性改革，增加有效供给，引导旅游需求，实现旅游供求的积极平衡。

第五，从封闭的旅游自循环向开放的"旅游+"融合发展方式转变。全域旅游化过程中，加大了旅游与农业、林业、工业、商贸、金融、文化、体育、医药等产业的融合力度，形成综合新产能。

第六，从旅游企业单打独享到社会共建共享转变。全域旅游充分调动社会各方发展旅游的积极性，以旅游为导向整合资源，强化企业社会责任，推动建立旅游发展共建共享机制。

第七，从景点景区围墙内的"民团式"治安管理、社会管理向全域旅游依法治理转变。在全域旅游倡导下，旅游、公安、工商、物价、交通等部门各司其职，协同发展，合作共赢。

第八，从部门行为向党政统筹推进转变。全域旅游过程中形

· 5 ·

成了以旅游产业为核心，综合产业综合管理全面协同的经济社会发展大格局。

第九，从景点景区接待国际游客和狭窄的国际合作向全域接待国际游客，全方位、多层次国际交流合作转变。全域旅游最终目标是实现从小旅游格局向大旅游格局的转变。这是区域发展走向成熟的标志，是旅游业提质增效和可持续发展的客观要求，也是世界旅游发展的共同规律和大趋势，代表着现代旅游业发展的新方向。

（二）全域旅游的新价值

在全域旅游中，各行业积极融入其中，各部门齐抓共管，全域居民共同参与，充分利用目的地全部的吸引物要素，为前来旅游的游客提供全过程、全时空的体验产品，从而全面地满足游客的全方位体验需求。

全域旅游追求整个城市、整个区域都变成一个大的旅游度假区，最好能够处处风景、移步换景。旅游业不再停留在人次的增长上，而是旅游质量和人们生活品质的提升，实现旅游在新财富革命中的价值增长。

全域旅游是旅游产业的全景化和全覆盖，是资源优化、空间有序、产品丰富、产业发达的科学系统旅游。要求全社会参与，全民参与旅游业，通过消除城乡二元结构，实现城乡一体化发展，全面推动区域产业建设和经济提升。

（三）全域旅游的发展误区

当前，我国全域旅游蓬勃发展，各地发展全域旅游热情高涨，有人把全域旅游解释为全要素、全产业、全人员、全季节、全空间、全过程、全部门、全规划等，其实这是一个理论误区和实践陷阱，具有不可行性。面对全域旅游发展的误区，我们要防止以下几个方面问题：

一要防止竭泽而渔，破坏环境。不顾实际情况和资源承载力，盲目开发、过度开发、掠夺式开发等行为，是要坚决防止的。全域旅游要求更加科学、合理地配置旅游资源，更加重视旅游发展与其他方面发展的有机互动，相得益彰，更加重视绿色发展和可持续发展。在推进全域旅游过程中，始终牢记"绿水青山就是金山银山"。全域旅游不是全域景区，要打开围墙建设无边界的旅游区，通过开放式的公共服务体系建设，让游客与居民共享，提供更加便捷实惠的服务，增加综合效益。

二要防止千城一面、千村一面、千景一面的简单模仿。中国有660多个城市，如果从一个城市到另一个城市，其人文景观、建筑风格、廊道街景等如出一辙，没有历史文化，没有特色创新，是不值得借鉴的。旅游投资是最长效的投资，例如，我国的长城文化，历时2000多年，现在乃至将来还会产生旅游经济效益和文化效益，没有哪个工业产品能保持2000年之久的收益。因此，全域旅游产品不能搞简单复制的全一模式。

三要防止旅游景观庸俗克隆和低劣伪造现象。这个问题比千景一面更可怕。旅游景观、景点、资源最好要突出自己的特色，挖掘资源优势，紧密结合地域特色、文化特色、资源特色等诸多要素，开发出真正有内涵、有特点、有品位的旅游产品，而不是脱离地域实际效仿、克隆和伪造，甚至崇洋媚外地造景。要自然和人文景观天人合一，简约而不简单。

四要防止旅游短期盲目涨价行为。例如，乡村旅游本来物美价廉，是城市周边旅游的一个优势，如果对旅游者漫天要价而没有服务品质，势必把自己的优势搞丢了，把本来很朴素、纯真和原生态的乡村旅游特点搞没了。

五要防止不择手段、不顾尊严的低俗媚客行为。旅游是随着社会经济发展、人们生活水平和消费观念的提高产生的一种出行方式和行为，一些低端旅游市场拿一些低俗的东西作为噱头来吸引游客甚至欺骗游客，旅游业不会长久，也不会可持续发展。

六要防止跟风式的大拆大建。全域旅游的发展理念及要求要贯彻到国民经济和社会发展、城乡建设、土地利用、生态环境保护等各类规划中。全域旅游是一种积极有效的开放性保护模式，要突出保护，实现空间上对设施、要素、功能的合理布局和优化配置。推进全域旅游就是要使已经保护的地方保护得更好，在建的地方规划好，开发的地方开发更好。全域旅游不是全域开发和全域建设。

七要防止重推介、轻基础，重形式、轻内容的旅游形象。很多地方在旅游宣传上下了很大工夫，可是其旅游基础设施方面非常薄弱。全域旅游要统筹规划建设，实现交通等基础设施和公共服务的全域一体化、品牌一体化、服务一体化，注重全域旅游中各地区、城市、乡村之间的差异性，形成独特的文化、功能、产品、业态、服务，形成旅游品牌。推动全域旅游发展，要协调好景区、社区（城镇、乡村）、廊道街景、产业区、生态区、文化区等的关系，实现完美组合。同时，全域旅游开发中，时间上要有先有后，要因地制宜，没有科学的设计理念就保持景观景点的原生态性，避免恶性竞争。

八要防止在全域旅游改革中换汤不换药，换牌子不换体制，换机构不换机制，换人员不换理念的情况发生。目前，全国有很多个省（区、市）启动了旅游综合管理体制改革，随着旅游改革的深入，旅游发展思路向科学的、生态的方面发展，切实推进从景点旅游转向全域旅游。

三、全域旅游的新带动

(一) 我国旅游业的发展阶段

从 1978 年改革开放至今，我国的旅游业发展经历了从无到有，从小到大；从单一市场发展，逐步到国内、出境和入境三大市场全面发展；从重点地区率先发展到全域发展；从旅游行业发展到旅游产业发展，再到"旅游+"的产业集群发展；从单领域突进到全域发展，从单一功能到多功能综合发展。旅游产业的定位是不断提升，旅游产业的能量、规模、效能不断增强。

第一个十年是旅游定位阶段。1978~1988 年，国家为改革开放大局所需提出"大力发展旅游事业"。旅游业出生就有一个"为什么干""怎么干"的问题，需要国家从战略上明确旅游业的性质和定位。1981 年，国家第一个关于旅游业发展的战略性文件——《国务院关于加强旅游工作的决定》（以下简称《决定》）有两个定位：一是双重性质双重目标，"旅游事业在我国既是经济事业的一部分，又是外事工作的一部分"，旅游业发展要"政治经济双丰收"，这是用以确定旅游业"中国式道路"特征的定位。二是把旅游放在经济领域中比较、调试后的定位，"旅游事业是一项综合性事业，是国民经济的一个组成部分，是关系到国计民生的一项不可缺少的事业"——这是第一次关于旅游业重要性的精准定位，为旅游业在 40 年"社会经济发展阶段"的大发展中"选对跑道""对上表"。

第二个十年是旅游产业化阶段。这个阶段也可以前后拉长一点，从 1986 年国民经济"七五"计划，到 1998 年 12 月，中央经济工作会议把旅游业明确为"国民经济新的增长点"。1981 年，国务院主持制定的《决定》，在五年后列入国家第七个国民经济发展计划。最终这个《决定》敲定了作为"国民经济一个组成部分"的产业应该有的基本政策体制保证，旅游业在国民经济的轨道上开始了产业化进程。旅游业产业化进程和国家20世纪90年代开始的扩大内需和经济结构转型同轨同频同行。旅游业随着1992年国家市场机制的完善而转型，主动在国民经济发展中承担更大的责任。这十年，是旅游业开启产业化和市场化发展进程的十年。

第三个十年是旅游业深入市场阶段。1998~2009年，"假日制度"推出，"三日小长假"增多，大众旅游风生水起，旅游市场繁荣兴旺。在国家整体转型继续深入推进经济结构转型的大背景下，为充分发挥旅游业在"保增长、扩内需、调结构"等方面的积极作用，2009年国务院《关于加快发展旅游业的意见》提出，"把旅游业培育成为国民经济的战略性支柱产业和人民群众更加满意的现代服务业"——30年后又是一次"双目标定位"，之后《中华人民共和国旅游法》颁布，第一个《国民旅游休闲纲要》出台，共同体现旅游业对国民经济作用的"增强凸显"，同时也是旅游业对国民生活重要性的"深度显现"。

第四个十年是旅游业战略融入阶段。2009年至今，尤其是党的十八大以来，按照《国务院关于促进旅游业改革发展的若干意见》，旅游业以主动与新型工业化、信息化、城镇化和农业现代化相结合的更大格局，以对经济社会文化生态多方协同的改革精神，全面融入国家战略体系，在推动"旅游+""大旅游""全域旅游"的过程中，"人人旅游形象，处处旅游环境"成为转型升级的新格局。按照"五位一体"总体布局和"四个全面"发展要求，"全域旅游"不仅是符合旅游业规律的发展要求，而且是促进经济社会统筹推进和协调发展的重要载体。2018年，我国成立文化和旅游部，加速推广国家旅游整体形象，"大力发展全域旅游"成为未来旅游业发展的方向。

【旅游生活】

西湖：千年美景的延伸

自古"上有天堂，下有苏杭"。西湖，位于杭州市西面，湖体轮廓呈近椭圆形，南、西、北三面环山，湖面面积为6.38平方千米，湖中白堤、苏堤、杨公堤、赵公堤将湖面分割成若干水面，按水面大小分为外西湖、西里湖、北里湖、小南湖及岳湖等，苏堤、白堤越过湖面，小瀛洲、湖心亭、阮公墩三个小岛鼎立于外西湖湖心，夕照山的雷峰塔与宝石山的保俶塔隔湖相映，形成了"一山、二塔、三岛、三堤、五湖"的景观格局。

西湖是世界上少见的持续千年经久不衰的美景，与其说是大自然的恩赐，不如说是人类文明的凝结。从公元822年白居易兴修白堤开始，到1074年苏东坡全城募捐筑苏堤，再到1503年杨孟瑛疏浚建杨公堤，西湖是人文和自然景观的完美合一。西湖景区有100多处公园景点，最著名的十景是苏堤春晓、断桥残雪、曲院风荷、花港观鱼、柳浪闻莺、雷峰夕照、三潭印月、平湖秋月、双峰插云、南屏晚钟。2007年评为国家5A级旅游景区，2011年列入《世界遗产名录》。

2002年，西湖拆了环湖围墙，成为第一个免收门票的5A景区。每年西湖门票收入少2000多万元，截至2019年少收入3亿多元。但是在西湖免门票前，杭州每年旅游总收入大约500多亿元，2016年杭州旅游总收入达到2572亿元，是门票经济时代的4倍。未来，旅游业会打破围墙壁垒，成为城市经济发展的新带动。

资料来源：《西湖景区免费开放十年　不但没亏钱反而"赚"更多了》. 浙江在线．www.zjol.com.cn.

（二）全域旅游是多元协同发展模式

全域旅游是一个空间、产业、要素和管理等全方位协同的发展模式。

从空间系统看，全域旅游是要改变以景区为主要架构的旅游空间系统，构建起以景区、度假区、休闲区、购物区、旅游街区、旅游小镇、露营地、旅游绿道、旅游风景道等点、线、面不同旅游功能为架构的旅游目的地空间系统，推动我国旅游空间从景区为重心向旅游目的地为核心转型。

从产业结构看，全域旅游是要改变以单一旅游形态为主导的旅游产业结构，构建起以旅游为平台的复合型旅游产业结构，推动我国旅游产业域由"小旅游"向"大旅游"转型。

从要素构成看，全域旅游是要改变以旅游资源单一要素为核心的旅游开发模式，构建起旅游与资本、旅游与技术、旅游与居民生活、旅游与城镇化发展、旅游与城市功能完善的旅游开发模式，推动我国旅游要素域由旅游资源开发向旅游环境建设转型。

从管理体系看，全域旅游是要改变以部门为核心的行业管理体系，改变以定居者为重心的空间行政管理体系，构建起以移动者和定居者双向核心的社会管理体系，推动我国旅游的行业管理向社会管理转变。

由此可见，全域旅游就是要把一个区域整体作为功能完整的旅游目的地来建设，实现景点内外一体化，做到人人是旅游形象，处处是旅游环境。全域旅游是空间全景化的系统旅游，是跳出传统旅游谋划现代旅游，是跳出"小旅游"谋划"大旅游"。

问题二　全域旅游离你有多远

一、享受一种旅游生活方式

随着世界旅游业的快速发展，外出旅游的人们越来越多，旅游消费占家庭支出比重逐渐增大，"富游""穷游""漫游"通通走进了人们的生活。研究表明，当人均收入超过1000美元，每增加10%会有1%用于旅游；当人均收入超过3000美元，每增加10%会有2%~5%用于旅游；当人均GDP超过5000美元时，旅游进入大众化日常性普遍消费阶段。2015年，我国人均GDP超过7000美元，2018年已经接近1万美元，由此可见，未来旅游消费将成为一种刚需。伴随着我国经济社会发展、居民收入增加、消费升级加快、"带薪休假"逐步落实、汽车时代来临等背景，大众旅游时代也将全面到来。

（一）旅游成为一种生活方式

旅游一直以来是人们喜欢的行为。曾经，我们会发现大街小巷出现了许多背着大背包的外国旅游者，后来我们自己也背着行囊去近郊和远途行走。从家乡、居住地到北京、上海、西安、丽江、桂林、拉萨、哈尔滨等地住下来，或几天、个把月,或更长一段时间,甚至留下来生活。随着经济和社会的发展,国内外的背包客越来越多,人们不仅仅到大城市驻足观光,还走进了小城镇、特色小镇和新农村。慢慢地,我们自己也成为旅游者,甚至很多时光处于边走边生活状态,把各种各样自然景观和人文风情作为生活背景,享受个性化的休闲旅游度假生活新时代。

　　旅行会改变人的气质,让人的目光变得更加长远。在旅途中,你会看到不同的人有不同的习惯,你才能了解到,并不是每个人都按照你的方式在生活。这样,人的心胸才会变得更宽广,我们才会以更好的心态去面对自己的生活。

　　旅游不再是奢侈的生活,而是成为一种充实自己的生活方式。享受旅游会使我们生活更潇洒、工作更积极、做事更自信、思维更创新;享受旅游使我们有了视野、有了梦想、有了阅历、有了格局。旅游让人在体验中不断地学习,不断地激励自己。正如那句流行的百姓名言——"世界这么大,我想去看看"。

　　(二)"穷游"走进生活

　　我国是世界旅游资源大国之一。自 2004 年以来,我国旅游业保持快速发展势头,国内旅游收入增长率高于同期 GDP 增长率。2009 年出台《关于加快发展旅游业的意见》,旅游业定位"国民经济的战略性支柱产业"。2013 年,政府相继出台《国民旅游休闲纲要》《中华人民共和国旅游法》《国务院关于促进旅游业改革发展的若干意见》,这些法律法规进一步扩大了旅游消费,激活了国内旅游市场。2014 年,国务院常务会议部署推进"升级旅游休闲消费"等六大领域,会议要求推动落实职工带薪休假制度,实施乡村旅游富民工程等。2015 年,我国已成为世界上第二大入境旅游接待国及第一大出境旅游客源国。

全国旅游工作会议提出，未来35年是我国旅游业的发展黄金期和转型攻坚期，全行业要努力开辟新常态下中国旅游业发展的新天地。2020年，从初步小康型旅游大国到全面小康型旅游大国，带薪休假制度初步实现，年人均出游达5次以上，人均花费赶上中等发达国家人均水平，我国旅游业在规模、质量、效益上都达到世界旅游大国水平。到2050年，将实现全面小康型旅游大国向初步富裕型旅游跨越，年人均出游达10次以上，国内旅游人次、出游率和消费水平居世界前列。2017年，国家旅游局与相关部委联合发布19个旅游专题政策文件，我国31个省份都把旅游业作为战略性支柱产业加以优先发展。

从国家层面看，旅游业成为国民经济战略性支出产业，在未来35年里将长足发展，国家在顶层设计上将不断打通各种限制旅游发展的壁垒，全域旅游大格局逐步构成。从个人层面上，随着人民生活水平的提高，旅游将成为生活常态。如果我们每年出行10次，那么旅游将占据我们生活的五分之一。

【旅游生活】

"穷游"：一种生活的点缀

朱兆瑞的环球旅行成为一种时尚生活。2002年，朱兆瑞圆满完成MBA学业，从英国伦敦出发开始了自己的"环球旅行"。从浩瀚的大西洋到广阔的太平洋，从新西兰的基督城到美国的夏威夷海滩，从硝烟弥漫的耶路撒冷到宁静祥和的瑞士小镇，都留下了这位普普通通的中国青年的足迹。第一站选择希腊首都雅典，之后从希腊进入意大利，经由瑞士到达法国、西班牙、葡萄牙，最后飞回伦敦。再从伦敦飞到香港特区，从香港到达北京。在国内经过短暂休整以后，他飞到汉城，到澳大利亚的悉尼，然后到奥克兰。接着，他飞到洛杉矶、墨西哥州、温哥华、西雅图、纽约。最后从纽约飞回伦敦。

整个旅程他买到一张1000美元的廉价环球机票,可以六次搭乘八大航空公司中任意一家的航班,之后历时77天,经过五大洲28个国家和地区,总计花费3305.27美元环游了世界。这3000多美元包括住宿费、机票、火车票等必要交通费,不包括电话费、购物费、餐费、机场建设费、机票国际税、保险费、签证费及其他因个人行为发生的私人费用。回国后他出版《3000美金,我周游了世界》一书。朱兆瑞开启了"穷游"的历程,之后"穷游"族也产生了。"穷游"族聚在一起,一方面分享省钱秘籍,另一方面探索从"少花钱旅游"向"花最少的钱旅游"。

资料来源:朱兆瑞.《3000美金,我周游了世界》.五六文学网,www.56wen.com/;推扬网, https://www.tuiyang.com/.

"穷游"不是没有出行质量的苦行僧式旅游,它是一种有计划的旅游理念,需要做足旅行功课。目前,自驾游、户外游等"穷游"方式广泛走进了人们的生活。

(三) 慢旅游成为生活时尚

20世纪80年代末期,意大利人首先倡导"慢生活"方式,希望放慢生活节奏,主张"慢餐饮""慢旅游""慢运动"等。这里的慢,并不是速度上的绝对慢,而是一种意境,一种回归自然、轻松和谐的意境。

慢旅游从"慢生活"开始引起了人们的关注。慢旅游就是旅游者享受旅途过程,在旅行过程中摆脱时间概念和工作的压力。在形式上,表现为慢行与低碳;在旅游动机上,表现为愉悦身心、深度体验和游客自我实现;其特征可概括为缓慢、环保、愉悦、深度体验和自我实现。

克森(Dickinson)认为慢旅游是排除航空出行和汽车出行等

重污染交通方式之外的步行、骑游、社区巴士、火车等轻污染甚至无污染的一种低碳旅游理念，萨洛蒙认为旅游体验是越简约越好，慢游不应该过度消耗旅游者太多精力和体力。这样看来，古代的帝王巡游、宗教徒朝圣之旅、民间的寻仙问道、拜山问水皆可以算是一种慢旅游。

慢旅游最主要的形式是停留，文化交流是慢旅游的载体和灵魂，而自我实现即是慢旅游的结果，也是慢旅游的本质。首先，时间对于游客来说已不再是限制因素，游客所期待的就是停留，只有停下来才能用心去欣赏、去感受；其次，游客深深地被当地文化所吸引，这种文化的亲身感受让游客体验到了真实，成了他们经久不衰的旅游回忆，让游客拥有个人故事比景点的资源禀赋更具吸引力；最后，旅游必定是兴趣所致，从旅途中享受快乐并丰富人生的阅历，寻求到个体自我精神的家园、意识到个体生命存在的价值，慢旅游为其提供了这种可能。

近年来，慢旅游作为现代休闲的一种新型旅游理念，已经成为时下备受欢迎的旅行新方式。传统旅游模式太过于奔波劳顿，一个景点游览结束就匆匆忙忙地赶往下一个景点，导致旅游者疲惫不堪，甚至比日常工作还累，毫无休闲可言。随着大旅游的发展，旅游者期待改变传统旅游模式，他们需要的不再是游览多个景点，而是追求慢游，除了观赏景观、参与体验，还需要心灵的感受。慢节奏的生活态度渐渐被人们所认可，慢节奏的旅游也已经在游客中有意识地发展。随着游客对于时间观念的转变，以及休闲型景区慢旅游产品的推陈出新，慢旅游终将走向健康的、可持续的发展道路。旅游是教我们停下来学会欣赏的一种很容易实现的慢生活方式，人们享受最多的，莫过于在旅游欣赏过程中最本真的快乐。

【旅游生活】

丽江古城：纳西东巴文化的徜徉

丽江古城，位于云南省丽江市古城区，又名大研镇，面积为7.279平方千米。地处云贵高原，是玉龙雪山下一块高原台地，海拔2416米，古城坐落在丽江坝中部，始建于宋末元初（公元13世纪后期）。丽江古城内的街道依山傍水修建，以红色角砾岩铺就，有四方街、木府、五凤楼、黑龙潭、文昌宫、王丕震纪念馆、雪山书院、王家庄基督教堂、方国瑜故居、白马龙潭寺、顾彼得旧居、净莲寺、普贤寺等景点，汇集了汉、白、彝、藏多民族精华。江丽是第二批中国历史文化名城之一，是中国以整座古城申报世界文化遗产获得成功的两座古城之一。

丽江古城是慢生活的地方。它的美是天成的，而慢的精华在于文化。丽江古城有着多彩的地方民族习俗和娱乐活动，纳西古乐、东巴仪式、占卜文化、古镇酒吧，以及纳西族火把节等都是别具一格的。纳西古乐是流于丽江大研古城及其周边纳西族聚居区的古代音乐遗存，由崩石细哩（汉译为白沙细乐）、丽江洞经音乐和祭礼音乐三部分组成，其乐曲以器乐合奏为主，亦有歌曲和歌舞曲。东巴音乐指东巴在宗教祭祀活动中有所吟诵的一种曲调，并有器乐伴奏，是东巴文化的一个重要组成部分。这种音乐流传于东巴，或零星保存于东巴经和东巴画中。除了占卜经书以外，东巴经书都是要通过诵唱表现出来的。纳西族东巴教是纳西族原始宗教向人为宗教过渡的一种宗教，多达30多种的东巴教仪式构成了纳西东巴文化的主宰，即用象形文字记载在东巴经书里的内容通过各种宗教仪式表现出来，并以宗教仪式传承下来。这些仪式力图诠释人与自然和人与社会的矛盾，与纳西族先民生产生活息息相关，蕴藏着丰富的文化内涵，其中《祭天》《祭风》《祭署》《祭丁巴什罗》等都是具有代表性的仪式。

因为听不懂,因为地域的差异就更加感觉神秘。但是当我们闭着眼睛倾听的时候,可以感受到流淌在东巴和纳西音乐中的蓝天、白云、青草和雪山。慢旅游和慢生活就是寻找生命中最纯净的美,而丽江古城就是心中那片神圣的寻觅和期待。

资料来源:https://baike.baidu.com/丽江古城/.

二、熟悉常见的旅游类型

旅游是在一定的社会经济条件下产生的一种社会经济现象,以满足人们休憩、消遣、文化等需要为主要目的、非定居者的旅行和暂时居留活动,以及由此带来的一切现象和关系的总和。由于人们对旅游概念的理解不同,旅游类型的划分也不尽相同。常见的旅游活动类型包括按旅游地域划分的类型、按旅游目的划分的类型、按旅游资源划分的类型以及新型旅游。

(一)按旅游地域划分

1. 国内旅游。国内旅游是一国居民在其国家的境内所进行的旅游活动。它包括地方性旅游,即居民在本区、本县、本市以内的旅游行为,如杭州一日游等;区域性旅游,即离开居住地到邻近地区,如云南七日游等;全国性旅游,即跨省的旅游活动,主要到全国重点旅游城市和具有代表性的著名风景胜地的旅游活动,如冬天北方游客到海南避寒,夏季南方旅游者到哈尔滨避暑等。

2. 国际旅游。国际旅游指一国居民跨越国界到其他国家进行的旅游活动。根据旅程长短分为跨国旅游,即离开常住国到他国旅游,跨国不跨洲,如法国人到意大利威尼斯旅游;洲际旅游,即跨越七大洲的界限进行旅游，如日本人到埃及看金字塔；环球旅游，是以世界各大洲的主要国家港口、风景城市为旅游目的地。

（二）按旅游目的划分

1. 观光旅游。观光旅游是人类早期的旅游形式，也是当前最普遍、最主要的旅游活动类型，以游览自然山水、鉴赏文物古迹、领略风土民情为内容，以获得自然美、艺术美、社会美的审美情趣为目的，取得消遣娱乐、休闲放松和愉悦身心的效果。观光旅游包括旧地重游、寻根访祖、探亲会友等形式。

2. 度假旅游。度假旅游是以度假和休闲为内容的旅游活动，旅游者多来自经济发达、富裕的国家和地区，或者是一些中老年人，以避暑避寒、治疗疾病、参加体育活动和消遣娱乐活动等形式，达到消除疲劳、减少疾病、适宜快乐和增进健康的目的。

3. 公务旅游。公务旅游是以某种公务为主要目的的旅游活动，包括商务旅游和会议旅游两种类型。商务旅游以经商为目的，将商业经营与旅行游览结合起来，主要有商务考察、调查投资合作机会、进行具体业务洽谈、视察公司经营活动、参加贸易展览会等形式。会议旅游是"二战"后兴起并发展最为迅速的旅游形式，以组织和参加会议为主要目的并提供参观游览服务的旅游活动。

4. 专项旅游。专项旅游是以满足某种特定需要为主要目的的旅游，具备定向性和专题性，包括宗教旅游、购物旅游、会展旅游等类型。

宗教旅游是世界上最古老的旅游形式，以朝圣、拜佛、求法、取经或宗教考察等为目的，具有很大的吸引力和神秘感。例如，到我国四大佛教名山旅游——五台山、峨眉山、普陀山、九华山，到伊斯兰教四大圣地旅游——麦加、麦地那、耶路撒冷、凯鲁万。

【旅游生活】

五台山：一种宗教文化的体验

五台山，位于山西省五台县境内，是我国四大佛教名山之首，其建寺历史悠久、庙群规模宏大，被称为"金五台"。五台山属太行山系北端，由"华北屋脊"之上的一系列大山和群峰组成。其中五座高峰峰顶平坦如台故得名（东台望海峰、南台锦绣峰、中台翠岩峰、西台挂月峰、北台叶斗峰）。方圆达250千米，总面积592.88平方千米，最高海拔3061米。五台山获得了"国家重点风景名胜区""中华十大名山""国家地质公园""国家自然与文化双遗产""国家AAAAA级旅游景区""世界遗产""中国地质博物馆"等荣誉。

五台山是文殊菩萨的道场，是国内唯一青庙（汉传佛教）、黄庙（藏传佛教）交相辉映的佛教道场，现存寺院共47处，其中台内39处，台外8处，著名的有显通寺、塔院寺、菩萨顶、南山寺、黛螺顶、广济寺、万佛阁等。终年香火缭绕、梵音不断，宗教气氛浓厚。每年8月，这里举行旅游节庆——"五台山佛教文化节"，期间举行大型佛事活动、民间文艺活动。

跳布扎：是五台山黄教每年都要举行的重大佛事活动。一般是从每年阴历六月初四开始，在菩萨顶文殊院里念经，到十四日达到高潮，寺内喇嘛念护法经、跳金刚舞、在菩萨顶"镇鬼"；十五日，百余名有身份的喇嘛走出菩萨顶往罗睺寺去"跳神"；十六日在菩萨顶"斩鬼"，通过这些活动以驱除邪恶，迎来吉祥安泰。

五台山国际旅游月：每年6~7月，各方宾客和僧众云集，举行盛大佛事活动。旅游月期间还有五台山国际摄影大展、佛教工艺品、五台山佛教餐饮大展、山水画展、招商引资等活动。

水陆法会：全称"法界圣凡水陆普度大斋胜会"，又称为"水陆道场""悲济会",是汉传佛教的一种修持法,也是汉传佛教中最盛大且隆重的法会。水陆法会起源于南北朝,主要供什邡诸佛、圣贤,广设坛场听经闻法,集合了消灾、普度、上供、下施诸多不可思议殊胜功德。

盂兰盆节:每年农历七月十五日,五台山佛教寺庙于循例举行供僧法会,依所修功德,布施鬼道众生,度化其脱离轮回地狱之苦。

资料来源:山西文化旅游网,《佛教圣地五台山的历史文化》. http://shanxiwhly.com/; https://baike.baidu.com/五台山/.

购物旅游是以购物以为主要目的的旅游活动,如伦敦、巴黎、纽约、迪拜、莫斯科、马德里、柏林、慕尼黑、巴塞罗那、东京、新加坡、汉堡、香港、米兰、北京等城市都是世界级购物之都。

会展旅游是以会议和展览为目的的旅游,借助举办大型会议、研讨、论坛等会务活动以及各种展览而开展的旅游形式;主要类型有大型会议(奥运会等)、中小型会议(论坛、高峰会议等)、大型博览会(世博会等)、中小型展示活动(汽车展、服装节等);会展旅游对一个国家或地区的经济社会发展具有很强的推动作用,能够带动当地旅游、交通运输、饭店及相关服务业发展。例如,北京每年举办的各类会务和展览占全国的80%~85%,会展旅游者在北京市游客中的数量和消费比例逐年上升。

(三)按旅游资源划分

按照旅游资源的特征划分,包括滨海旅游、冰雪旅游、温泉旅游、山地旅游、名胜古迹旅游、社会风情旅游等类型。

1. 滨海旅游。是指旅游者以享受滨海旅游资源为目的而进行的旅游活动。国外滨海旅游发展历史悠久,世界上最早的海水浴出现于1730年英国的斯盖堡拉和布莱顿,"二战"后,传统滨海旅游发展的同时，滨海度假旅游逐渐成为主要的滨海旅游形式，如西班牙的马洛卡岛、美国的夏威夷、墨西哥的坎昆、泰国的普吉岛等，都是世界著名的滨海度假旅游胜地。进入21世纪，我国滨海旅游、海岸带旅游、海洋旅游等发展如火如荼，目前全国滨海旅游景点已达1500余个。

2. 冰雪旅游。是以冰雪气候旅游资源为主要的旅游吸引物，体验冰雪文化内涵的所有旅游活动形式的总称，是一项极具参与性、体验性和刺激性的旅游产品。冰雪旅游极具参与性，随着2022年冬奥会在北京举行，我国的冰雪旅游项目蓬勃发展，包括观赏类的冰雕、冰灯、冰瀑、雪雕、冰挂雾凇，运动休闲类的冰上竞技、雪上竞技等，游乐类的冰上游乐项目、雪上游乐项目等。

【旅游生活】

冰雪旅游：哈尔滨冰雪大世界

哈尔滨冰雪大世界，始创于1999年，由黑龙江省哈尔滨市政府为迎接千年庆典神州世纪游活动，借冰雪时节优势，展示哈尔滨冰雪文化和冰雪旅游魅力。冰雪节每年一届，从圣诞节开始至次年三月初，为期约80天，成为哈尔滨的旅游经典品牌。

园区位于松花江北岸，哈黑公路以西，临近哈尔滨太阳岛旅游名胜景区，占地面积达80万平方米，是集冰雪动漫、冰雪演出、冰上杂技、冰雕展览等项目为一体，将科技、艺术和文化完美融合的大型冰雪乐园。整个园区以"世纪门""欢乐门""卡通门"3座大门为中心，形成东、西、中3部分，包括"世纪之声""卡通世界""冒险乐园""冰上风情""雪场欢歌"5大景区。一是"世纪之声"景区，由神龙、世纪钟楼、回归之声和世纪舞台4个广场组成，主要包括千禧龙、世纪门、二龙戏水、世纪钟、哈尔滨50年辉煌成就展廊等景观。二是"卡通世界"景区，以儿童娱乐活动为主题，设有玉兔迎春、北国风光、雪地逐鹿、松鹤延年、海底世界、白雪公主、圣诞老人等多处景点，以及长城、动物造型的滑梯和冰雪娱乐设施。三是"冒险乐园"景区，以趣味性参与活动为主题，设有雪山索道，攀冰岩、北极寻踪等惊险刺激的娱乐项目。四是"冰上风情"景区，以冰上活动为主题，设有滑冰场、冰雕区、抽冰尜区、神秘峡谷、时光隧道等冰上娱乐项目，以及供游人取暖、休息的暖房、蒙古包风情园。五是"雪场欢歌"景区，以雪上活动为主题，设有滑雪场、雪地足球场、雪地摩托项目，以及雪塔、塞外风车等景点。

松花江上的冰雪大世界主题公园，以哈尔滨城市文脉为纽带，以冰雪景观为载体，以现代科技为表现，打造科技化、艺术化、人文化完美融合的梦幻世界。冰雪旅游融入了思想、趣味、观赏、参与、娱乐，成为旅游者的心之所向。

资料来源：哈尔滨市人民政府网站，中国·哈尔滨冰雪大世界［EB/OL］. http://www.harbin.gov.cn/col/col30/index.html.

3. 温泉旅游。是以健康养生为特色，集旅游、休闲、会务于一体的休闲度假旅游类型。温泉有两种成因，一是地壳内部的岩浆作用所形成，即地底有未冷却的岩浆不断释放出大量的热能，加热附近有孔隙的含水岩层，多形成硫酸盐泉。二是受地表水渗透循环作用所形成，即地下水受下方的地热加热成为热水，深部热水和热气处于高压状态，遇到裂缝窜涌而上，形成温泉。通常情况，20℃以下为冷泉、20℃~40℃为温泉、40℃~60℃为中温泉、60℃以上为高温泉、70℃以上为汤泉、100℃以上为沸泉，经过不同的岩浆，温泉水含有的有机成分也不同，便有了苏打泉、硫磺泉、硅酸泉等等。随着旅游业资源的开发，泡温泉融进了餐饮、住宿、娱乐、购物、调理等因素，更加丰富多彩。

（四）崭新的旅游形态

1. 乡村旅游。乡村旅游是以农业（包括乡村文化）资源为对象的观光、度假、娱乐、康乐、民俗、科考、访祖等复合型旅游活动。

2. 工业旅游。工业旅游是充分利用现有的名牌工业企业设施设备和工业企业文化资源，以了解产品工艺流程、发展史和未来科技与工业发展前景为内容，开发出来让旅游者乐于购买的新型旅游产品。

3. 其他旅游。随着经济社会发展，将会产生多种旅游新形态，当前最常见的有户外旅游。户外旅游是指包含自助游、自驾游、野营、徒步、飞行、水上、登山、攀岩、探险、滑雪、轮滑、小轮车、极限运动等形式，注重体验和感受的旅游与运动休闲的集合。

【旅游生活】

体育旅游：自由潜水

体育旅游是指旅游者在旅游中所从事的各种身心娱乐、身体锻炼、体育竞赛、体育康复及体育文化交流活动等与旅游地、体育旅游企业及社会之间关系的总和。随着"全民健身计划""奥运争光计划"的实施，我国运动休闲产业快速发展，人们可以通过休闲旅游方式参与登山、徒步、游泳、滑雪、骑马、攀岩、漂流、观看比赛等体育活动，既能休闲健身，又能心情愉悦。

有一种历史古老的极限运动是潜水。意大利潜水员马贝托·皮利兹里说："自由潜水是进入另一个世界，没有重力，没有颜色，没有声音，是一次进入灵魂的跳远。"许多极限运动都不如自由潜水富有挑战性和危险性。令人神往的潜水海域有菲律宾的宿雾、马来西亚的诗巴丹、美国北卡罗来纳州—眺望角、伯利兹—大蓝洞、澳大利亚大堡礁、埃及的红海、厄瓜多尔的加拉帕戈斯、马尔代夫等等。

潜水的好处,不仅在于水中的奇异世界给人的精神带来的巨大享受,而且还能改善人体的心肺功能。在美国和日本潜水被作为一种治疗癌症的辅助手段,水下长时间的吸氧可以有效地杀死癌细胞,并抑制癌细胞的扩散。

潜水运动的缺点就是费用较高。基础培训费可能只有2000元,但是一套普通的装备就要2万~3万元,高级的甚至要十几万元。如果想去好的自然海域,如马来西亚、泰国、澳大利亚、红海等,则消费更高。

资料来源:张晨. 体育旅游对地区经济的带动作用 [J]. 经济论坛,2004(11). http://baike.baidu.com/item/潜水/.

三、寻找出行前的旅游魅力

(一) 了解自己的旅游动机和旅游吸引力

1. 旅游动机。人们外出旅游时的动机是多种多样的,美国学者罗伯特·W. 麦金托什提出旅游动机可以划分四种基本类型。一是身体方面的动机,包括度假休闲、参加体育运动、海滩消遣、娱乐活动和其他直接与保健有关的活动,温泉矿疗等,都是通过与身体有关的活动来消除紧张。二是文化方面动机,希望了解异国他乡的音乐、艺术、民俗、舞蹈、绘画、宗教等人文风情。三是人际方面的动机,包括探亲访友、接触他乡人文、避免日常例行琐事、结识新朋友等。四是地位和声望的动机,主要关心个人成就和个人发展的需要,包括事务、会议、考察研究、追求业余爱好等。

2. 全域旅游吸引力。全域旅游之所以能对游客产生吸引力，是由于旅游能从不同的方面满足游客的旅游需求和旅游动机。这种旅游的吸引力可以分为三个层次：一是旅游资源具有较高的美感质量，可以满足人们对景观和风情的审美需求。二是旅游具有娱乐、休闲、度假、疗养等多重价值，可以使人获得乐趣、放松身心，避开日常繁杂事务，满足游客娱乐休闲需求。三是全域旅游能够满足不同的旅游者的旅游动机，无论是商务节事、会议展览，还是科学考察、宗教信仰、探险猎奇等都能在旅游中找到答案和思维的灵感。

【旅游生活】

海南岛：与海的生活

海南省是我国全域旅游示范区。它是中国唯一的热带海岛省份，1999 年开始建设中国第一个生态省。海南岛陆地面积 3.5 万平方千米，是我国第二大岛，海域面积 200 万平方千米，分布着 600 余个岛、礁、滩和沙洲，环岛海岸线长 1944 千米。人口 870 万，省会海口。海南四季如春，拥有一流的空气质量，诱人的海水沙滩，迷人的热带雨林，良好的生态环境，以及独特的黎、苗少数民族文化。海南全域，步步是景，去哪里要看自己的选择。

大小洞天。三亚大小洞天位于三亚市以西 40 千米处的南山山麓，始创于南宋，是海南省历史最悠久的风景名胜，是中国最南端的道家文化旅游胜地，自古因其奇特秀丽的海景、山景、石景与洞景被誉为"琼崖八百年第一山水名胜"，现已发展成为国家首批 5A 级旅游景区。

三亚南山文化旅游区。古称"鳌山"，位于中国海南岛的南端，山高约 500 米，形似巨鳌。1200 年前，中国唐代著名的大和尚鉴真法师，在他第五次东渡日本遇险后漂流到南山，在南山居住一年半之久，在此间建造佛寺，传法布道。随后第六次东渡终获成功。三亚南山文化旅游区是国家文化和旅游局确定的"中国旅游业发展优先项目"。它位于中国唯一的热带海滨城市三亚市的西部，是全国罕见的超大型文化和生态旅游园区。

分界洲岛景区。位于陵水县香水湾牛岭旅游开发区，素以"蓬莱仙阁"著称。岛的四周被蓝色的大海所环抱，岛上常年灌木丛生，林荫翳地，鸟语花香。岛上还建有福龟湾、寿龟滩、禄龟岭、"前途无量"及山顶主题公园等景点，游人可登山观景，也可入海抓蟹拾贝，还可以乘舟游弋于岛的四周，更可以探险于神奇的海底世界，是观光游览、休闲娱乐的最佳场所。

亚龙湾。是中国最南端的滨海旅游度假区，与"天涯海角"齐名，并享有"天下第一湾"之美誉。1992年10月，经国务院批准为中国唯一具有热带风情的国家旅游度假区。亚龙湾属低纬度热带季候风海洋性气候，全年长夏无冬，阳光充足，冬可避寒，夏可消暑。集休闲旅游五大要素：海洋、沙滩、空气、阳光和绿色于一体。

天涯海角。位于三亚市区西南23千米处，以美丽迷人的热带海滨自然风光、悠久独特的历史文化而驰名中外。"天涯海角"原是用于表达旅人客居异乡的惆怅情结。经过千百年来承前启后的积淀，这一成语已经积聚了丰富深刻的文化内涵，承载了曼妙的文化意象。

南湾猴岛。位于海南省陵水县南湾半岛上，三面环海，是我国也是世界上唯一的岛屿型猕猴自然保护区。岛上除了有热带植物近400种，动物近百种，原始的自然环境和2500多只家国二类保护动物猕猴外，现居住着21群千余只猕猴，因此人们称之为"猴岛"，是我国唯一的岛屿型猕猴自然保护景区。

资料来源：海南省旅游和文化广电体育厅，https://www.explorehainan.com/.

3. 旅游前的感知与决策。旅游者对旅游资源的感知和决策是优质旅游实现的必要环节。在外出旅游之前，我们首先要收集各种有关的信息，把通过媒体宣传、介绍性读物、声像资料、亲友介绍得来的旅游资源情况在头脑中形成一幅感知图像。其次综合自己的时间和消费能力以及旅行接待、服务等因素，根据自己的兴趣爱好、主观意愿做出旅游决定，最终形成旅游行为。

通常对自己旅游出行起决定性作用的不仅是旅游资源本身的特色，还有服务接待情况、交通便利程度、旅游基础设施、区域经济发展背景等外部条件，旅游目的地的知名度，旅游资源与旅游者之间的感知距离（指用克服客观距离所消耗的时间、费用、经历等来衡量的距离），以及旅游偏好。因此，旅游行为产生在很大程度上取决于我们旅游的主观性。

（二）如何选择旅游目的地

旅游目的地，是吸引旅游者在此做短暂停留、参观游览的地方，是旅游活动中最重要和最有生命力的部分，也是旅游接待的载体，是建立旅游者所需要的旅游吸引物和服务设施的所在地。

1. 了解旅游资源分类。旅游资源是指客观存在于一定地域空间、具有审美、愉悦价值和旅游功能，能够吸引人们产生旅游动机，并可能被利用来开展旅游活动的所有自然要素（自然存在）和人文要素（历史文化遗产或社会现象）。

通常，旅游资源分为自然风景旅游资源和人文景观旅游资源。自然风景资源包括高山、峡谷、森林、火山、江河、湖泊、海滩、温泉、野生动植物、气候等，可归纳为地文景观、水域风光、生物景观、天象与气候景观四大类。人文景观资源包括历史文化古迹、古建筑、民族风情、现代建筑、饮食、购物、文化艺术和体育娱乐等，可归纳为遗址遗迹、建筑与设施、旅游商品、人文活动四大类。

我们在旅游体验过程中,区域内的旅游资源往往呈现自然与人文景观融合,因此还可以划分游览型、体验型、知识型和康乐型四类。游览鉴赏型资源是以优美的自然风光、著名古代建筑、遗址及园林、现代城镇景观、山水田园、以览胜祈福为目的的宗教寺庙等为主。知识型旅游资源以文物古迹、博物展览、科学技术、自然奇观、精湛的文学艺术作品等为主。体验型旅游资源以民风民俗、社会时尚、节庆活动、风味饮食、宗教仪式等为主。康乐型旅游资源以文体活动、度假疗养、康复保健、人造乐园等为主。

2. 选择合适的旅游目的地。个人喜好。旅游是个性化的休闲方式,选择旅游目的地首先考虑个人兴趣、爱好,喜欢哪一类景区或景点,便可搜集相关国家、地区和城市的信息。建议旅游者优先选择自然景观,自然景观是大自然赋予人类的美好资源。这些自然景观可能会因气候、地质、环境等因素而发生面貌变迁,产生差异,甚至由于人类生存影响而减少魅力。因此,越早欣赏,自然美景越是完美。

假期长短。假期是旅游目的选择的重要因素,假期长可选择旅程较远的出境游,假期短则选择国内游或短线游。建议旅游尽量减少安排在公共假期,但是受各种因素影响,我们通常只能选择公共假期出行,如果这样的话,出行时要避免高峰时候或最热门的旅游目的地。例如,"十一"或春节以及一些小长假,团队出游的话,有经验的领队导游会安排错峰出行,避免人多、排队等候时间过长和走马观花看景。

旅游费用。如果你是一个热爱旅游的人,生活中可以考虑把一部分收入放在旅游上。随着全域旅游战略的落实,每个人出行的机会越来越多。如果有既定的费用预算,可以根据费用多少确定周边游、国内游或者出境游。旅游是一种娱乐休闲放松的生活方式，虽然说不用刻意节约，但是在满足需要的基础上当省则省，提前做一些准备功课也许会在食住行方面节省不少钱。

出行方式。旅游目的地选择要考虑好出行方式。自助游的自由度高，但若出国游，自助游的旅游者可能会在签证办理上遇到困难，因为一些国家的签证办理是不对中国个人开放的。如果选择团队出行相对比较省心，交通、旅社、景点都安排妥当，但是自由度不是很高，有些也不是特别称心。出行前一定要做好权衡。

安全因素。没有安全就没有旅游。如果旅游目的地和目的国出现了政治、经济、外交或者自然灾害等方面重大安全问题，一定要避免设计这样的线路。如果团队出行的大环境下安全形势不必担心，但是旅游者一定要关注国际通行忠告和国家旅行忠告。我国近几年发布的是国家文化和旅游局旅行忠告，如果担心旅游目的地的安全，请登录国家文化和旅游局网站，关注相关信息。

自然因素与身体条件。高原旅游者在出行前要应进行严格的、全面的体格检查，凡有明显心、肝、肺、肾等内脏器质性病变、高血压三期以上者、重感冒者、肥胖者等均不宜参与。户外登山旅游者，选择登山旅游时要注意身体、膝关节、腰关节等身体因素，避免出现不愉快的旅游结果。

饮食方面。品尝美食是旅游的重要部分。热带和东南亚或宗教信仰比较浓厚的国家，在饮食方面和礼节方面有所限制，如果自身饮食习惯与旅游地有矛盾和冲突，会影响旅游行程或者心情，因此需要做好功课，适应旅游地饮食特征。

同行伙伴。如果带上老人或小孩一起旅游，建议去比较熟悉的、城市化水平高的景区景点或者海滨景区，这些地方公共设施完善、交通、住宿和饮食相当齐全而且方便。旅游目的地最好不要选择在偏远、天气极端、医疗设施不完善的地方。

【小贴示】

冬季旅游出行需要注意什么？

1. 饮食方面。旅游过程中的饮食要求就是不要太多地改变自己的饮食习惯，注意荤素搭配、多吃水果。最好保证吃热的熟食，生冷食品、卤味食品要少吃。另外，各地都有一些"名吃"，大家可能都非常有兴趣，不过不要吃过量。

对冬季旅游者来说，蛋白质、碳水化合物和脂肪三大营养素以及矿物质、维生素的摄取量都要超过平常。这时多吃一些瘦肉类、蛋类、鲜鱼、豆制品以及动物肝脏等，对补充人体热量很有好处。另外，要纠正喝酒取暖的错误观念。因为酒精会使体表血液循环增加，人感到发热，实际上是在丢失热量。

2. 着装方面。要及时掌握旅游目的地的天气情况。如果是到南方温暖之地旅游，要备足轻巧衣物，以免穿得不合时宜。如果是到冰天雪地的北方旅游，则要准备防寒性好的衣物，从头武装到脚。尤其是年老体弱者，更要注意做好防寒防冻工作。这时候，羽绒衣是首选；内衣要柔软、吸湿、透气，以利保温、干燥；鞋子也要轻便保暖。另外，一些小件如帽子、围巾、口罩、耳套、手套、雨伞、防晒霜、照相机等，也尽量备齐了。

旅游前应根据自己的年龄和体力，合理选择旅游的地点和项目。应随身携带一些常用药和急救药，如感冒药、抗中暑药、晕车药、抗过敏药、肠胃药、去痛片等。旅游时不要过于劳累，最好定时起床和休息，特别是晚上不要玩得太迟。

节日出门还须预防肠胃感染，多洗手是一个简单有用的方法。另外，冬季比较干燥，要注意多喝水，可以补充水分，也可以减少肠胃不适的概率。

3. 安全卫生要细致。外出旅游安全卫生很重要，游客要学会保护自己，注意饮食卫生、人身安全，同时要维护好自己的权益，监督好参团旅行社的安全卫生服务工作，发现问题，及时向导游提出解决。去海边还要注意安全问题，一定要注意海边的警示牌或者听从导游的建议，不可涉足较深较远的海域，小孩子一定要有大人监护，不管是否善于游泳，最好穿上救生衣。

4. 遇到侵权要反映。若出现旅行社变更出团时间或取消旅游计划，未按照约定提供服务或旅途中出现意外而引起纠纷时，消费者可直接找旅行社进行协商。协商未果可通过下面几种方式解决纠纷。首先，消费者可向旅游质量监督管理部门投诉。如果已旅行归来，消费者可到旅行社所在地的旅游质量质监所投诉。其次，消费者可向消费者协会投诉。若遇到分歧较大、协商不成的纠纷时，消费者可直接申请仲裁或提起诉讼。这种情况下，消费者最好先咨询律师，然后再按合同约定或法律规定提起仲裁或诉讼。

5. 旅游票据要留存。在旅游过程中，游客应当保存好一切可能用得着的证明材料，如旅游合同、旅游发票、景点门票、医疗单据等，不要仅凭口头承诺。必要时，消费者可将与旅行社进行商谈交涉的过程以录音的形式记录下来，以备用。

资料来源：茂名网，《春节旅游注意事项》. http://www.mm111.net/zbmm/p/160767.html/.

（三）出行最佳旅游时节

旅游是热爱生活的一种状态。根据个人喜好和假期，一年四季都可以到各地游玩，很多景区没有特别的淡旺季之分，四季皆宜。无论你是避寒避暑，还是休闲度假，适宜的时间对应绽放的景观，更能锦上添花。以下时段旅游景观或许能带给您一些旅游灵感。

一月：吉林（雾凇）、黑龙江（冰雪世界）。

二月：海南、罗平峰林（滇）。

三月：江南美景（烟花三月）。

四月：贵州、青岛、北海（桂）。

五月：云南、贡嘎山（川）、泰山（鲁）、青海湖（青）。

六月：桂林、张家界、乔戈里峰（新）。

七月：青海、内蒙古（草原）、大连、木兰围场（冀）、喀纳斯（新）。

八月：西藏、武夷山（闽）。

九月：新疆、敦煌（甘）、张掖丹霞（甘）、黄山（皖）、长白山（吉）。

十月：九寨沟（川）、野柳（台）。

十一月：腾冲（滇）、海螺沟（川）。

十二月：中国香港（购物天堂）、厦门。

我国旅游资源十分丰富，绝美的山峰、峡谷、沙漠、海岸、瀑布、名山、丹霞、湖泊、峰林、雅丹等景观数不胜数，上面提到的省份、城市、景点只是蜻蜓点水一般，还有诸多像杭州西湖一样四季皆宜的美景没有罗列。随着"全域旅游战略"的实施，只要生活有闲暇、心中有美景，旅游资源就在我们身边。

问题三 怎样体验景区景点旅游

传统旅游业是以景区景点为核心，以门票收入为主要经济支柱。旅游景区是人们旅游及其相关活动的主要场所，主要围绕着山、江、河、湖、海、寺、庙、博物馆、公园等景点建设，用以满足游客参观游览、休闲度假、康乐健身等需求，景区内的旅游设施和旅游服务是相对独立的。当前，景区景点仍是主导的旅游类型，随着全域旅游向"无景区化"发展，景区内外的"食、住、行、游、购、娱"旅游六要素呈现一体化发展趋势，从而促进旅游产业进一步升级、转型和创新。

一、畅游多彩的旅游世界

（一）国外旅游区划分

旅游业是世界经济中持续高速稳定增长的重要战略性、支柱性、综合性产业。随着经济全球化和世界经济一体化的深入，世界旅游业进入了快速发展的黄金时代，旅游业成为推动世界经济发展的动力之一，也是多国的支柱产业。

世界旅游组织将世界旅游市场划分为五大区域，即欧洲区、美洲区、亚太地区、中东区、非洲区，其中欧洲区、美洲区、亚太地区旅游发展列前三位。

欧洲地区。欧洲地区是世界上旅游业最发达的地区，可以划分为三个旅游区。北欧旅游区以挪威、瑞典、芬兰、冰岛及丹麦五国及其属地为主；东欧旅游区以俄罗斯、匈牙利、捷克、斯洛伐克、波兰、保加利亚、罗马尼亚、德国为主；西欧旅游区是除上述国家外的所有欧洲国家。以西班牙为例，全国人口为4600万，2018年接待国外游客约8260万人次，年接待游客超过全国人口总数的80%。

【旅游生活】

西班牙：阳光与海的国度

西班牙是群山之国、海洋之国、半岛之国，世界旅游业竞争力第一，被誉为"旅游王国"。全国总面积达505925平方千米，国土最北端到最南端长830千米，东西方向最宽1000千米。国土大部分位于伊比利亚半岛，东北隔比利牛斯山脉与法国和安道尔相连；西邻葡萄牙；南隔直布罗陀海峡与非洲的摩洛哥相望；北面比斯开湾，东临地中海与意大利隔海相望，西北、西南临大西洋。西班牙地势以高原为主，中部高原属大陆性气候，北部和西北部沿海属海洋性温带气候，南部和东南部属地中海型亚热带气候，盛产阳光和沙滩。

西班牙著名旅游胜地有马德里、巴塞罗那、塞维利亚、太阳海岸、美丽海岸等。联合国旅游组织总部设在首都马德里。西班牙是世界上葡萄园面积最大的国家，葡萄酒产量居世界第三；橄榄油产量和出口量均居世界之首，是空中交通管理系统重要生产和供给国，高铁网络总里程数居世界第二，是欧洲最遵守交规的国家之一。

西班牙旅游业重点打造滨海休闲度假旅游产品，以阳光、海水、沙滩为品牌，沿地中海岸有长达300千米海岸线的阳光海岸。同时还注重文化旅游产品开发,斗牛、弗拉门戈舞、民间节日活动增加了西班牙旅游印象;众多博物馆、美术馆、教堂、古城也是其文化旅游的重要组成;饮食更是最具吸引力的西班牙特色文化。

随着全球旅游市场激烈的竞争,欧洲的旅游发展更加细腻和精致,在旅游资源的开发上强调以人为本;在餐饮和住宿方面强调干净、卫生和舒适;在旅游交通基础设施上注重便捷和安全。

资料来源:西班牙旅游资源及欣赏,https://wenku.baidu.com/view/47eace363968011ca30091e5.html/;https://baike.baidu.com/item/西班牙/。

美洲地区。以美国、加拿大和墨西哥的旅游业最为发达。其中,北美旅游区包括美国和加拿大;中美旅游区是中美洲及西印度群岛的所有国家;南美旅游区指南美洲所有国家。

【旅游生活】

加拿大:一种繁华与空旷

加拿大是世界主要旅游大国,位于北美洲最北端,是英联邦国家之一,国土面积998万平方千米,人口3700多万,因移民众多而拥有多元化的社会环境,官方语言为英语和法语两种。境内多枫树,素有"枫叶之国"的美誉,拥有世界文化和自然遗产共18处。2019年,首次将旅游作为支柱型产业,与农业食品、清洁能源、制造业、数字产业等并列为国家"经济驱动力"。

加拿大旅游资源非常丰富,由于地广人稀,许多地带没有被开发,境内有37个国家公园,以自然风光美丽而著称。从旅游产品看,全境包括四类:以温哥华为主体的西部旅游产品;以多伦多—魁北克一线为主的东部自然人文旅游产品;以落基山为主体的旅游产品;以北极光、探险为主的北部深度旅游产品。

主要自然旅游景观:

班夫国家公园,创立于1885年,是加拿大历史最悠久的国家公园。位于艾伯塔省卡尔加里市以西约100~130千米处，是落基山脉的门户，面积6641平方千米，被联合国教科文组织列为世界文化遗产。拥有最原始、未经破坏的自然生态环境，也是受到世界上最严谨的法律所保护的区域。诺奎山滑雪场是班夫国家公园里的三大滑雪胜地之一，滑雪季从12月初到次年4月中旬；夏季的诺奎山古木参天，是避暑胜地。

尼亚加拉大瀑布，位于加拿大安大略省和美国纽约州的交界处，是北美东北部尼亚加拉河上的大瀑布，也是美洲大陆最著名的奇景之一。尼亚加拉大瀑布由美国瀑布、新娘面纱瀑布及马蹄瀑布三部分组成，全长54千米，海拔却从174米直降至75米，平均流量5720立方米秒，与伊瓜苏瀑布、维多利亚瀑布并称为世界三大跨国瀑布。从19世纪20年代起就已成为著名旅游胜地。

芬迪湾，位于加拿大新不伦瑞克省和新斯科舍省之间，是世界海潮潮差最大的海湾。其三面被陆地包围，仅西南与缅因湾连通，两者以大马南岛为界。湾口处的宽度为51千米，湾长为151千米，面积9300平方千米，平均深度75米。

主要城市旅游景观：

渥太华，位于安大略省东部与魁北克省交界处，是加拿大首都和政治文化中心，全国第四大城市。渥太华的春天有"郁金香城"的美誉，冬季被称为"严寒之都"。

多伦多，位于大多伦多地区的中心地带，是全境最大城市，安大略省的省会，全国工业和商业中心，也是世界上最大的金融中心之一。多伦多在经济上的领先地位体现在金融、商业服务、电信、宇航、交通运输、教育、旅游、体育等多个领域，其证券交易所是世界第七大交易所。境内著名的旅游名胜有多伦多群岛、多伦多电视塔、尼亚加拉大瀑布等。

蒙特利尔，坐落于加拿大渥太华河和圣劳伦斯河交汇处，是第二大城市，世界上最内陆的海港。城市中法语居民占多数，被认为是北美的"浪漫之都"。蒙特利尔是加拿大历史最悠久的城市，具有浓郁的拉丁气息。市内有风格各异的教堂，有圣凯瑟琳街、圣劳伦斯街、圣丹尼街等独具特色的商业区，还有奥林匹克城、万国博览会旧址、蒙特利尔旧城、圣母院教堂等著名景点。

温哥华，坐落在卑诗省西南部，是第三大城市，北美西岸水陆路交通的主要枢纽之一。现在是加拿大最大和最繁忙的港口，有"加拿大雨都"之称。市内公园遍布，其中最负盛名的自然公园是史丹利公园，其象征北美印第安文化的图腾柱是史丹利公园的重要景观。

资料来源：https://baike.so.com/doc/3872656-4065468.html/；https://baike.baidu.com/item/多伦多/；渥太华/；蒙特利尔/；温哥华/.

亚太地区。旅游业以日本、新加坡、泰国最为发达。东亚旅游区包括中国、日本、韩国、朝鲜和蒙古国；东南亚旅游区包括中南半岛和马来群岛的所有国家；大洋洲旅游区指大洋洲的所有国家。南亚旅游区属印度文化区范畴，是婆罗门教和佛教的发源地，喜马拉雅山脉位于本区北部，使南亚成为一个相对独立、特征明显的旅游区域。南亚有典型的热带季风气候及热带季风林景观，印度河—恒河流域是世界古文明发祥地之一。近30年来，亚太地区旅游业发展速度远远超过世界平均值，居世界之首。

【旅游生活】

日本：净与静的文明

日本是世界上旅游业发达的国家之一，国土面积37万平方千米，人口1.27亿，领土由本土四大岛和周边7200个分散于太平洋深处的小岛组成。其近代旅游始于1905年，形成了一种以富士山、樱花、温泉为代表的风景疗养旅游，以日本料理为代表的饮食游以及以艺伎、女优等代表的特色文化旅游。21世纪初，日本政府确定了"观光立国"的战略性国策，2006年日本国会正式通过"观光立国推进基本法案"，2008年成立了"观光厅"，旅游观光成为国民生活中必不可少的活动。

日本旅游资源小而精致，以干净和安静为特色融汇了自然和人文风情。

富士山是日本最高峰，也是日本的象征，在日语中的意思是"火山"，海拔3776米，是世界上最大的活火山之一，目前处于休眠状态。旅游以冬雪、日出和云海著名。

东京是日本首都，是全球经济发展程度最高的都市区之一。东京著名景观有东京铁塔、皇居、银座、国会议事堂、浅草寺、浜离宫、上野公园与动物园、葛西临海公园、台场与彩虹大桥、东京迪士尼乐园、代代木公园、日比谷公园、明治神宫、忍野八海、池袋等。新宿区是东京都内最著名的繁华商业区，是东京著名的花卉和野鸟胜地，观光游客络绎不绝。

奈良县位于日本的中央部，是日本历史文化遗产的宝库，是日本的发源地，是日本著名的历史古都，被日本人誉为"精神故乡"。所属奈良市是日本著名的历史城市和国际观光城市。全县居住人口约144万人，森林覆盖率60%，主要产业有纤维产品制造业、木材、木制品制造业等。奈良的著名景观有唐招提寺、东大寺、兴福寺。

此外，京都是有名的历史之城，公元794年至1868年的1000多年间，京都一直是日本的首都。大阪是人口仅次于东京的全国第二城市。北海道是日本四主岛中最北的岛屿，也是日本第二大岛，素有雪国之称。箱根，有由富士山火山的喷发而形成的芦之湖和许多日本首屈一指的著名温泉，是世界知名的观光和疗养场所。

资料来源：https://baike.baidu.com/item/日本/.

【小贴士】

日本旅游需要注意的事项

1. 交通：日本交通拥挤，旅游人很多，日本车辆都是靠右行驶，过马路要看车辆行驶方向，遵守交通规则。一定不要闯红灯，即使路上没有车辆也不要横穿马路，被看到会被重罚，也被看不起。

2. 微笑：日本式微笑是职业性的，当你买好东西后，服务员会向你道谢，如果你不会说日语也可用微笑代替言语回应。

3. 购物：在日本买衣服时，试衣间如果有台阶，一定要脱鞋后才能站上台阶。

4. 吃饭：如果你要和日本人一起进食，饭前要说"我要开动了！"饭后要将筷子放在碗下的盘子上，并说声"我吃饱了"。

5. 出租车：日本出租车起价非常高，出租车的门会自动打开。如果想自己逛街，最好的选择就是坐地铁。

6. 歌舞厅：新宿的歌舞伎町是亚洲最大的娱乐中心，看到一些怪相也不要表现出惊讶或者嫌弃，很多事情在那儿是允许的。通常不接待不会说日语的外国人。

7. 小费：在日本用餐不用纠结给不给小费，因为你拿到的账单上其实已经加上了服务费。

8. 拖鞋：进宾馆、做客、进会议室等都应该换上拖鞋。脱鞋后把鞋子摆放整齐，让鞋尖向外。

9. 安静：日本公共场所非常安静，例如，乘公共交通工具不许讲话、抢座位或者吃东西。

10. 靠左站立：在扶手电梯上，要靠左站立，日本人将右边空出留给着急的人。

资料来源：日本旅游十大注意事项，https://www.sohu.com/a/246402490_100144039.

中东地区。除埃及以外的中东所有国家和阿富汗，都属于阿拉伯国家，信仰伊斯兰教。中东地区扼欧、亚、非三大洲的要道，是世界文明的两大发源地之一，是基督教、伊斯兰教和犹太教的发源地和圣地。其丰富独特的民俗、宗教和文化古迹以及海滨、沙漠等奇特自然景观，构成了极为丰富的人文和自然旅游资源。中东动荡多事，武装冲突时有发生，安全问题影响了这一地区旅游业的发展。

【旅游生活】

迪拜：沙漠上的奢华

迪拜，阿拉伯联合酋长国人口最多的城市，也是组成阿联酋的七个酋长国之一。迪拜位于中东地区的中央，是面向波斯湾的一片平坦的沙漠之地。面积约为4114平方千米，占全国总面积的5.8%，是阿联酋第二大城市。人口约3102511人，占全国人口的41.9%，为人口最多的城市。

迪拜是中东地区的经济金融中心，它也是中东地区旅客和货物的主要运输枢纽。石油收入促进了迪拜的早期发展，但由于储量有限，生产水平较低，2010年以后，石油产业只占到迪拜国民生产总值的5%以下。继石油之后，迪拜的经济主要依靠旅游业、航空业、房地产和金融服务。迪拜也通过大型建筑项目和体育赛事吸引全世界的目光，迪拜拥有世界上最高的人工建筑哈利法塔，还有世界上面积最大的人工岛项目棕榈岛。

迪拜的旅游景观和旅游项目很多，如莎弗公园、朱美拉海滩、哈利法塔、阿拉伯运河，以及沙漠冲沙、主题乐园、赛车场、购物中心、水族馆和海豚馆等。旅游团通常去酋长购物中心、棕榈岛、音乐喷泉、黄金市场、亚特兰蒂斯度假酒店、迈丹赛马场、国家博物馆、朱美拉清真寺、迪拜博物馆、瓦菲城等。迪拜拥有世界上第一家七星级酒店、世界最大的室内滑雪场、世界最高的塔,如今迪拜已成为奢华的代名词。

资料来源:博雅旅游网,http://wap.bytravel.cn/view/top10/index3902.html? from = singlemessag.

非洲地区。以高原为主的热带干燥大陆,自然景观以赤道为中轴南北对称分布,东非大裂谷也是非洲自然地理一大特色。旅游业发达国家以埃及、突尼斯、摩洛哥和肯尼亚为主。

【旅游生活】

摩洛哥:多彩的北非圣地

摩洛哥是摩洛哥王国的简称,位于非洲西北部的一个沿海阿拉伯国家,东部与阿尔及利亚接壤,南部邻西撒哈拉,西部濒临大西洋,北部与西班牙、葡萄牙隔海相望。人口3600多万,除阿拉伯语外,法语和西班牙语也通用。摩洛哥旅游资源丰富,拥有绵长的海岸线、撒哈拉沙漠、雪山等得天独厚的美景,还有浓郁的阿拉伯历史风情,是非洲的第二旅游强国,被誉为"欧洲后花园"。摩洛哥旅游特点是异域独特性与现代性完美结合,是休闲旅游的好去处。

主要城市旅游景观有:拉巴特、马拉喀什、卡萨布兰卡、非斯、梅克内斯、丹吉尔等。

卡萨布兰卡,西班牙语意为"白色的房子",好莱坞电影《卡萨布兰卡》让这座白色之城闻名世界。城市历史悠久,原名达尔贝达,12世纪建城,500年前被葡萄牙人占领,18世纪末西班牙人得到港口贸易特权,20世纪初遭法国占领。现在是摩洛哥第一大城市,也是最大港口城市,是全国经济中心和交通枢纽。卡萨布兰卡濒临大西洋,气候宜人,南北绵延几十千米的细沙海滩,是最好的天然游泳场。城内建有西北非最大的现代清真寺——哈桑二世清真寺，通体采用白色大理石砌成，绿色的琉璃瓦和形状各异的铜饰品镶嵌其间。同时，卡城还以一年一度的国际博览会闻名。

拉巴特，摩洛哥首都，是全国政治、文化和交通的中心。濒临大西洋，位于西北的布雷格雷格河口，属于地中海气候，与非斯、马拉喀什、梅克内斯同是摩洛哥四大皇城。2012年入选联合国教科文组织《世界遗产名录》：现代都市与历史古城（摩洛哥）一份共享的遗产，是阿拉伯穆斯林的传统与西方现代主义深度融合的产物。城内景观有最古老的清真寺——哈桑清真寺（1184年）、拉巴特王宫、穆罕默德五世墓、乌达亚城堡、舍拉废墟等名胜。

非斯，阿拉伯语意为"金色斧子"，亦有"肥美土地"之意，是摩洛哥最古老的皇城，北非史上第一个伊斯兰城市，也是摩洛哥一千多年来宗教、文化与艺术中心。1981年被联合国科教文组织指定为"世界文化遗产"保护地区，世界重点文物紧急抢救项目。作为中世纪城市的经典，非斯不仅是摩洛哥的宗教圣地与文化交流中心，也是阿拉伯民族的精神所在地。非斯是由无数个小巷构成的，且道路狭窄，驴是唯一的交通工具。

马拉喀什，创建于1062年，柏柏尔语意为"上帝的属地"，阿拉伯语意为"红颜色的"，位于摩洛哥西南，曾是回教王朝所统治的一个古都，四大皇城之一。城市建筑颜色均为红褐色，被称为"红城"，炎热、尘土和泥砖堡垒成为马拉喀什独特的魅力。城内有摩洛哥最大的传统市场，号称"不眠广场"，到处是杂耍和小吃摊。主要景点有库杜比亚清真寺、马若尔花园等，城南有3000多米高的阿特拉斯山脉，是著名的冬季运动场地。同时，马拉喀什也是摩纳哥重要的国际会议城市。

资料来源：博雅旅游网，http：//wap.bytravel.cn/view/top10/index3633.html？from=singlemessag。

（二）我国的旅游景区

我国旅游资源丰富，文化和自然遗产数量众多。目前已拥有15000多处旅游景区（点），涵盖了自然景观、历史文化、改革成就和社会生活的诸多方面，其中被列入《世界遗产名录》的有50处，国家重点风景名胜区244处，国家地质公园35处，国家自然保护区452个，国家森林公园710个，国家历史文化名城135个，国家5A级旅游景区（点）258个，中国优秀旅游城市213个，还有1269处国家级重点文物保护单位，各类博物馆2000余座。各具特色的风土人情、多姿多彩的城市风光，雄伟壮观的建设工程等为旅游业的发展提供了得天独厚的条件和基础。

【旅游生活】

万里长城：人类建筑的奇观

"不到长城非好汉"，你知道吗？

长城又称万里长城，是人类文明史上最伟大的建筑工程，堪称世界奇迹。它是中国古代的军事防御工程，修筑历史可上溯到2000年前的西周。春秋战国时期由于列国争霸，互相防守，长城修筑进入了第一个高潮，此时各国修筑的长度都比较短。秦始皇统一天下后，连接和修缮了战国长城，始有万里长城之称。明朝是最后一个大修长城的朝代，西起甘肃嘉峪关，东至鸭绿江虎山，总长度为8851.8千米，这就是我们今天见到的万里长城。

根据文物和测绘部门调查，秦汉及早期长城超过1万千米，总长超过2.1万千米。在河北、北京、天津、山西、陕西、甘肃、内蒙古、黑龙江、吉林、辽宁、山东、河南、青海、宁夏、新疆等15个省份都有古长城、烽火台的遗迹。其中河北省境内长度2000多千米，陕西省境内长度1838千米。1961年长城被国务院公布为第一批全国重点文物保护单位；1987年长城被列入世界文化遗产。现在，这些遗迹成为中国的重要文化旅游景区，每天吸引着世界各地的旅游者，最具吸引力的旅游景点包括八达岭长城、古长城遗址、雁门关、嘉峪关长城等。

到长城旅游需要注意什么？首先，选择长城哪个景点。长城各段的开发程度不同，山海关、喜峰口、司马台、金山铃、慕田峪、居庸关、八达岭等处表现为砖石堆砌特色，到了黄土高原和内蒙古高原地带后，长城多为黄土夯筑，或再包以砖石，如山西大同的得胜口、左云镇宁楼等处。其次，选择合适游览季节。到长城旅游，通常春秋两季适宜，以10月为佳。最后，注意安全和健康问题。长城大多建在崇山峻岭之间，攀登起来有一定难度。长城沿线昼夜温差大，即使是夏季出游，也应带足衣服，以防感冒；饮食方面，各地风味不同，西段长城地区周边以牛羊肉较多；住宿方面有农家窑洞的，也有高墙窄巷四合院的。

资料来源：https：//baike.baidu.com/item/长城/；南戴河度假网，《秦皇岛10大旅游线路之长城之首经典之旅》，http：//www.ndhdj.com/display_xianlu.asp?id=72。

我国的风景名胜以数量多、类型广著称。2006年以来，国务院公布了九批共244处国家级风景名胜区，这些景区更具有观赏、文化或者科学价值，其自然景观和人文景观比较集中，环境优美，可供人们游览或者进行科学、文化活动。它们分别是：

北京：八达岭、十三陵、石花洞。

天津：盘山。

河北：承德避暑山庄外八庙、秦皇岛北戴河、野三坡、苍岩山、嶂石岩、西柏坡—天桂山、崆山白云洞、太行大峡谷、响堂山、娲皇宫。

山西：五台山、恒山、黄河壶口瀑布、北武当山、五老峰、碛口。

内蒙古：扎兰屯、额尔古纳。

辽宁：千山、鸭绿江、金石滩、兴城海滨、大连海滨—旅顺口、凤凰山、本溪水洞、青山沟、医巫闾山。

吉林：松花湖、八大部—净月潭、仙景台、防川。

黑龙江：镜泊湖、五大连池、太阳岛、大沽河。

江苏：南京钟山、太湖、云台山区、蜀冈瘦西湖、镇江三山。

浙江：杭州西湖、富春江—新安江、雁荡山、普陀山、天台山、嵊泗列岛、楠溪江、莫干山、雪窦山、双龙、仙都、江郎山、仙居、浣江—五泄、方岩、百丈漈—飞云湖、方山—长屿硐天、天姥山、大红岩、大盘山、桃渚、仙华山。

安徽：黄山、九华山、天柱山、琅琊山、齐云山、采石、巢湖、花山谜窟—渐江、太极洞、花亭湖、龙川、齐山—平天湖。

福建：武夷山、清源山、鼓浪屿—万石山、太姥山、桃源洞—鳞隐石林、金湖、鸳鸯溪、海坛、冠豸山、鼓山、玉华洞、十八重溪、青云山、佛子山、宝山、福安白云山、灵通山、湄洲岛、九龙漈。

江西：庐山、井冈山、三清山、龙虎山、仙女湖、三百山、梅岭—滕王阁、龟峰、高岭—瑶里、武功山、云居山—柘林湖、灵山风、神农源、大茅山、瑞金、小武当、杨岐山、汉仙岩。

山东：泰山、青岛崂山、胶东半岛海滨、青州、千佛山。

河南：鸡公山、洛阳龙门、嵩山、王屋山—云台山、尧山（石人山）、林虑山、青天河、神农山、桐柏山—淮源、郑州黄河。

湖北：武汉东湖、武当山、神农架、大洪山、隆中、九宫山、陆水、丹江口水库。

湖南：衡山、武陵源（张家界）、岳阳楼—洞庭湖、韶山、岳麓、崀山、猛洞河、桃花源、紫鹊界梯田—梅山龙宫、德夯、苏仙岭—万华岩、南山、万佛山—侗寨、虎形山—花瑶、东江湖、凤凰、沩山、炎帝陵、白水洞、九嶷山—舜帝陵、里耶—乌龙山。

广东：肇庆星湖、梧桐山、西樵山、丹霞山、白云山、惠州西湖、罗浮山、湖光岩、梧桐山。

广西：桂林漓江、桂平西山、花山。

海南：三亚热带海滨。

四川：峨眉山、九寨沟—黄龙寺、青城山—都江堰、剑门蜀道、贡嘎山、蜀南竹海、西岭雪山、四姑娘山、石海洞乡、邛海—螺髻山、白龙湖、光雾山—诺水河、天台山、龙门山、米仓山大峡谷。

贵州：黄果树、织金洞、潕阳河、红枫湖、龙宫、荔波樟江、赤水、马岭河、都匀斗篷山—剑江、九洞天、九龙洞、黎平侗乡、紫云格凸河穿洞、平塘、榕江苗山侗水、石阡温泉群、沿河乌江山峡、瓮安县江界河。

云南：路南石林、大理、西双版纳、三江并流、昆明滇池、玉龙雪山、腾冲地热火山、瑞丽江—大盈江、九乡、建水、普者黑、阿庐。

重庆：长江三峡、潭獐峡、缙云山、金佛山、四面山、芙蓉江、天坑地缝、潭獐峡。

陕西：华山、临潼骊山—秦兵马俑、黄河壶口瀑布、宝鸡天台山、黄帝陵、合阳洽川。

甘肃：麦积山、崆峒山、鸣沙山—月牙泉、关山莲花台。

宁夏：西夏王陵、须弥山石窟。

青海：青海湖。

新疆：天山天池、库木塔格沙漠、博斯腾湖、赛里木湖、罗布人村寨、托木尔大峡谷。

西藏：雅砻河、纳木错—念青唐古拉山、唐古拉山—怒江源、土林—古格。

【旅游生活】

黄果树瀑布：喀斯特上水的浩瀚

黄果树瀑布，古称白水河瀑布，因本地广泛分布着"黄葛榕"而得名。位于贵州省安顺市镇宁布依族苗族自治县白水河上游，属中亚热带典型的熔岩地区，年降雨量在1300毫米以上，雨水集中在5~7月，年平均气温为14℃左右；冬无严寒，夏无酷暑，是避寒避暑胜地。

黄果树瀑布是世界著名大瀑布之一，属喀斯特地貌中的侵蚀裂典型，瀑布以水势浩大著称。瀑布高度为77.8米，其中主瀑高67米；瀑布宽101米，其中主瀑顶宽83.3米。

黄果树瀑布出名始于明代旅行家徐霞客，经过历代名人的游历、传播，成为知名景点。徐霞客描述黄果树瀑布，"透陇隙南顾，则路左一溪悬捣，万练飞空，溪上石如莲叶下覆，中剜三门，水由叶上漫顶而下，如鲛绡万幅，横罩门外，直下者不可以丈数计，捣珠崩玉，飞沫反涌，如烟雾腾空，势甚雄厉；所谓'珠帘钩不卷，飞练挂遥峰'，俱不足以拟其壮也。"在他所见的瀑布中，"高峻数倍者有之，而从无此阔而大者"。

瀑布后有一长达134米的水帘洞拦腰横穿瀑布而过，由6个洞窗、5个洞厅、3股洞泉和6个通道所组成。从水帘洞内观看大瀑布，令人惊心动魄。这样壮观的瀑布下的水帘洞，世界罕见。

资料来源：博雅文化旅游网，http://www.bytravel.cn/Landscape/2/huangguoshupubu.html；https://baike.baidu.com/item/黄果树瀑布/。

二、品尝天下的美食

旅游业具有一业兴百业旺的特点，饮食文化在旅游业发展中发挥了巨大的推动作用。自古"民以食为天"，食作为旅游六要素

体验全域旅游

之一，不仅能满足旅游者基本需求，还能提供更高层次的精神需要和精神体验。中国饮食文化源远流长，独具特色，在满足果腹充饥的同时，吃也赋予了一种生活的乐趣和享受。我国地域辽阔、物产丰富、民族民俗多姿多彩，民间基础菜肴有两三千种，由此而形成了川菜、鲁菜、粤菜、湘菜、闽菜、徽菜、浙菜、淮扬菜、京菜和沪菜等诸多著名菜系。在每一个旅游文化重镇或景区景点，小吃是不可或缺的，吃文化是我们追踪旅游的内容之一。

我国地域小吃、名吃众多，随着旅游城市的开发，地域小吃云集的地方会形成城市的旅游特色——小吃一条街。我国著名的六个小吃街是上海城隍庙、南京夫子庙、西安回民街、武汉户部巷、成都锦里、丽江四方街。

上海城隍庙坐落于上海市最为繁华的城隍庙旅游区，是上海地区重要的道教宫观，始建于明代永乐年间，距今已有近600年的历史。上海城隍庙小吃街的历史可以追溯到晚清和民国初，专注于各种各样的当地小吃，包括传统的蛋糕、素包子、八宝米布丁、蟹壳黄、排骨年糕、鸡肉生煎馒头、糟田螺、南翔小笼馒头等。旅游建议从豫园方向进入，先参观沿街的特色小铺，再进到中心地带，找到老城隍庙美食广场挑选特色小吃品尝，然后可以再去豫园商城逛逛，记得在城隍庙得走九曲桥到湖心亭。一顿美味小吃会让自己的行程更开心、更享受。

南京夫子庙是一个大型的古代建筑综合体，它也是南京小吃的诞生地，一直是这座城市的小吃中心，大石坝和湖南路的狮子桥为著名的美食街，湖南路有很多南京特色小吃，如回味鸭血粉丝、狮王府狮子头、尹氏鸡汁汤包、老太叠元宵、固城湖蟹黄包、莲湖糕团、龙须糖等让人流连忘返。每年这里有两个美食节，吸引众多游客。

西安回民街距今已有上千年历史，是外地游客的旅游点，也是西安著名的美食文化小吃街，具有浓郁的西北风情。回民街区由北院门、北广济街、西羊市、大皮院等数条街道组成，当地人习惯称这里为回坊，有着浓郁的穆斯林文化和氛围，为古城构筑了一道特异的风景线，是来西安旅游必去之地。肉夹馍、羊肉泡馍、凉皮、岐山面、饺子宴、腊牛羊肉、烩羊杂、粉蒸羊肉、蜂蜜凉粽子、盛氏酿皮、羊肉饼、八宝甜稀饭、胡辣汤、凉皮、米皮、擀面皮、羊肉水饺、韭饼、酸汤水饺、灌汤包子、牛肉拉面、镜糕、甑糕、羊肉臊子饸、黄桂柿子饼、蛋花醪糟、水盆羊肉、芝麻烧饼、葱油饼等耳熟能详的陕西名吃应有尽有。

武汉户部巷是武汉市最著名的街道之一，被誉为"汉味小吃第一巷"，长150米的街道上挤满了各种各样的小吃摊、购物亭和娱乐场所，集小吃、休闲、购物、娱乐为一体的年接待游客逾千万的汉味特色风情街。在明嘉靖年间的《湖广图经志》里清楚地标注着这条小巷，距今至少有400多年的历史了，其繁华的早点摊群数十年经久不衰。武汉户部巷可以品尝正宗的热干面、炸豆腐皮、沙米、油炸面窝、生煎包子、酸辣米粉、米粑粑、糊粉、烧梅、欢喜坨、发糕、锅贴饺、糯米鸡、馓子、油墩、汤包、糯米包油条、酥饺、酥饼、糍粑、剁馍、苕面窝、细粉、宽粉、汤面、蛋酒、豆浆、鸡冠饺、炒面、炒粉、炒花饭、鱼香肉丝、瓦罐鸡汤等，热闹的人群以外全是美味。

成都锦里即锦官城，作为武侯祠（三国历史遗迹区、锦里民俗区、西区）的一部分，街道全长550米。传说中锦里曾是西蜀历史上最古老、最具有商业气息的街道之一，早在秦汉、三国时期便闻名全国。现为成都市著名步行商业街，为清末民初建筑风格的仿古建筑，以三国文化和四川传统民俗文化为主要内容。四川小吃历史悠久、种类繁多、各具风味，锦里小吃街将川内各种名吃悉数收罗于街内，现场制作、现场叫卖。比较出名的有荞面、

· 51 ·

三大炮、牛肉焦饼、黄醪糟、糖油果子、甜水面、凉面、卤菜、久久鸭脖子、牛肉豆花、三合泥、糖油果子、撒尿牛丸、油茶、牛肉焦饼、酸辣肥肠粉、钵钵鸡等。

丽江四方街是丽江大研古镇的中心，有着800多年的历史，明清以来各方商贾云集，各民族文化交汇生息。丽江古城是以四方街为基础发展起来的古镇，四方街是丽江古城的代名词，白族、纳西族和藏族等多元文化特色在饮食文化上淋漓尽致地展现出来，包括鸡豆凉粉、丽江粑粑、勺子米线、烤乳扇、烧饵块、云南米粉等。

饮食文化是什么？是在"吃"这种原始的、基本的生理需求形式中，揉进了地域历史、经济、社会、民族、色彩、景观、宗教和环境等因素，呈现了人与自然、人与社会、人与人之间的关系。旅游则加速了地域饮食文化的传播，使其异彩纷呈，而饮食文化留住了旅游者的记忆。因此，提升餐饮文化品质、传承地方食品特色、提高餐饮服务质量，是促进旅游业发展最为便捷的渠道。

【旅游生活】

法国：精致考究的理性餐饮

世界三大美食王国是中国、法国和土耳其。中国以"一菜一味，百菜百味"的特色享誉世界，土耳其以烧烤类食物和肉料理及小吃著名，而法国菜，对复合味调料和肉菜搭配特别讲究，什么菜搭配什么酒。

在法国，所有跟吃饭有关的事都被当成圣礼一样备受重视。法国料理的精神在于突出食物的原味，任何调味料、配菜，甚至搭配的酒都只有一个目的，就是把主要食材的原味给衬托出来。因此，法国美食特色在于使用新鲜的季节性材料，加上厨师个人的独特的调理,无论视觉上、嗅觉上、味觉上、触感、交感神经上都是无与伦比的境界,而在食物的品质、服务水准和用餐气氛上更要求精致,形成了口感细腻、酱料美味、餐具华美的法餐风格。

法菜选料广泛,用料新鲜,滋味鲜美,讲究色香味形的配合,花式品种繁多,重用牛肉蔬菜禽类海鲜和水果,特别是蜗牛、黑菌、蘑菇、芦笋、洋百合和龙虾。法国菜肴烧得比较生,调味喜欢用酒,菜和酒的搭配有严格规定,如食用沙拉、汤及海鲜时饮用白葡萄酒;食用肉类时饮用红酒;食用火鸡用香槟;饭后饮用少许白兰地或甜酒等。

法国菜的上菜顺序是,首先是冷盆菜,一般沙丁鱼、火腿、奶酪、鹅肝酱和色拉等;其次为汤、鱼;再次为禽类、蛋类、肉类、蔬菜;然后为甜点和馅饼;最后为水果和咖啡。比较有名的法国菜是鹅肝酱、牡蛎杯、焗蜗牛、马令古鸡、麦西尼鸡、洋葱汤、沙朗牛排、马赛鱼羹。

法国美食对其成为"旅游王国"起到了重要的推动作用。法国美食,是精致旅游饮食的典范。

资料来源:https://baike.baidu.com/item/法国菜/.

三、购买生活化的商品

(一)购物旅游等同于购物吗

旅游购物也是旅游资源,为了满足游客需要而购买、品尝以及在购买过程中观看、娱乐、欣赏等行为。满足游客的购物体验需求,已成为旅游目的地最具吸引力的内容之一。其中,旅游商品是旅游购物的核心,也是吸引旅游购物的根源。旅游购物不是单纯的购买商品的行为,还包括了与旅游相关的休闲娱乐等活动,通常与特产店、景区门票、农家乐、酒店住宿组合在一起，增加了旅游和购物的双重乐趣。旅游购物作为一种旅游行为，对当地社会文化、经济、其他领域以及旅游政策都产生影响。发展旅游购物是提高旅游整体经济效益的重要途径，能够增加收入和就业机会，是振兴地方经济的重要手段。游客所购物品，或自己享用，更多送给亲朋好友。"购"在旅游六要素中对旅游目的地的宣传最广，对当地经济拉动力最大。

【旅游生活】

国际购物街：尊贵与疯狂的体验

美国纽约第五大道，是纽约市曼哈顿一条重要的南北向干道，南起华盛顿广场公园，北抵第138街。第五大道可以说是奢侈品的代表了，伊丽莎白·雅顿把1996年出品的一款香水命名为第五大道，这款香水一经发售，便广受时尚白领女性的喜爱，直到现在也是最畅销的香水之一。第五大道上景点众多，由南至北有帝国大厦、纽约公共图书馆、洛克菲勒中心、圣帕特里克教堂以及中央公园等。此外，由于中央公园附近有大都会艺术博物馆、惠特尼美术馆、所罗门·古根海姆美术馆、库珀·休伊特设计博物馆等著名的美术博物馆等，因此被称为艺术馆道。在60街到34街之间的第五大道，则被称为梦之街。它是美国最著名的高档商业街，也是好莱坞巨星、各国的达官富豪、社交名媛们最喜爱的购物场所。用奢华来形容第五大道，最恰当不过。初次慕名来此街，往往来不及欣赏那些名店里精心装饰的橱窗风景，就已经被商店的名字所震撼了。哪个品牌能在这里开店就是进入了世界一流品牌领域的最好证明。这里可以找到全球最新发布的新品，却买不到打折货。在此购物就要抱着烧钱的决心，享受最尊贵的购物体验。

德国法兰克福歌德大街。法兰克福是德国中部商业及制造业中心,也是重要的国际金融城市。歌德大街全长不到1000米,马路甚至有点狭窄,两侧有十几栋五六层高的建筑,基本都是"二战"后建设的,外表并不新潮,但是那些声名显赫的世界顶级奢侈品专卖店就一个挨着一个地挤在这些建筑的底层。歌德大街汇聚了国际名家设计师当季的名牌时装,当游客买到了合适的衣服,可以直接到旁边的顶级珠宝店如卡地亚里逛逛,配一套与衣服相衬的饰品。在这条街上还有世界著名设计大师们的作品以及这些大师的工作室,专为那些成功人士量体裁衣。

意大利米兰黄金四角区。米兰最著名的购物商圈有四条街,即蒙提拿破仑街、圣安德烈街、史皮卡大道以及鲍格斯皮索,四条名品店街组成的购物黄金四角区形成了四四方方的一圈。世界大牌在街区内都能够收罗到,在夏季打折期间可以看到打扮光鲜亮丽的男女在门口排队,然后涌进商店内疯抢购物的景象。

英国伦敦牛津街。牛津街是伦敦购物的首选之地,是伦敦西区购物的中心。街道两侧云集了超过300家大型商场和众多的顶级名牌,贵宾式服务能让你体验五星级高级待遇。牛津街租金昂贵,所以商品也很贵,每年7月是英国商品最集中打折季,有些世界名牌服装折扣达到5折甚至更低。

日本东京银座。银座是日本东京中央区的一个主要商业区,号称亚洲最昂贵的地方。银座与巴黎的香榭丽舍大道、纽约的第五大道并列为世界三大繁华中心。这里汇聚着世界各地的名牌商品,街道两旁巨型商场林立,时尚、个性的服饰随处可见,附近汇聚有意大利、法国、阿拉伯等地的餐厅,人们在这一条街上,能品尝到世界各地的美味,算得上是一个购物者的天堂了。

法国巴黎香榭丽舍大街。繁华的香榭丽舍大街一直是巴黎时尚的象征,宽阔的林荫大道,林立两侧的大商店和穿梭其中来自世界各地的旅游者都是香街的亮点。香榭丽舍大街又称作爱丽舍田园大街，取自希腊神话中的仙景之意，法国人则形容它为世界上最美丽的大街，如此昂贵的商业地带设立700米长的林荫大道。这里可以买到国际顶级新品，每年冬季都会有一次全国性的大减价，但打折风基本上是从11月底开始。

瑞士苏黎世班霍夫大街。苏黎世是瑞士最大的城市，班霍夫大街则是世界上最富有的街道。大街位于瑞士苏黎世利马特河的西侧，长1.4千米。大街始建于公元前15年罗马统治时期，罗马人在苏黎世湖畔建城，它便开始发展成为兴旺的商贸中心和世界上最昂贵的街道之一。沿着街道可以找到瑞士最高档的商店、最顶尖的设计师设计的鞋子、皮毛、首饰、瓷器和珠宝以及闻名世界的瑞士手表。

资料来源：http: //www.mafengwo.cn/i/11136754.html?static_url=true; https: //m.sohu.com/a/274044984_525779。

（二）购物旅游的发展趋势

购物是旅游中必不可少的环节，但是旅游购物在我国旅游业发展中属于薄弱环节。大多数旅游购物点都处在旅游目的地景区周边，出现了诸如购物场所简陋、质量问题、诚信问题、回扣问题、假货问题以及以次充好等不信任问题，造成购物吸引力下降。大旅游时代的来临，也许智慧化管理能解决旅游购物中的顽疾，促进旅游购物呈现向高品质发展的趋势。

1. 向大旅游商品发展。我国的旅游商品在很长一段时期发展缓慢，其主要原因是人们对旅游商品的狭隘理解，误把纪念品、工艺品、农副产品理解为全部旅游商品，而人们生活所需的生活类工业品没有被纳入旅游商品中，以至于各地开设的旅游商品店主要是旅游纪念品店、工艺品店和农副产品店。游客对"华而不实"的工艺品的兴趣是逐渐降低的，其购买量也逐年下降。尤其在出境游比例扩大后，游客在欧美等发达国家购买的是生活类工业品，包括化妆品、服装、鞋、包、电子产品等大旅游商品。近年来，在国内的旅游商品销售中，生活类工业品在高速增加，在旅游购物中所占的比重也在逐年上升。旅游购物在旅游收入中的比重和旅游购物绝对值是巨大的。

2. 向生活化方向发展。我国传统的旅游商品经营者多从文化、科技角度去设计、研发、销售旅游商品，形成了旅游商品市场上貌似新产品很多，但游客购买量却不大的现象。片面强调文化，结果造成只在商品上印有景区图案和标志，但商品的功能却被忽视了。比较国外旅游商品，普遍没有明显的文化特征，无论在电子产品上还是在服装、鞋、帽、箱包等上面，很少看到文化符号等，但是那些品质好的品牌商品仍然成为旅行者购物的首选。因此，提高旅游商品生活化是未来旅游开发的一个趋势。

3. 旅游购物融入互联网。传统的旅游购物店通常是一些实体店，而利用互联网电商开店，直接能把货物卖给所有需求者。如果有些旅游商品质量好、信誉好、品质好还会出现旅游者利用互联网多次购买现象。随着移动互联网、物联网技术、云计算的快速升级，为解决旅游购物的智慧管理与服务提供了可能。智慧旅游购物模式，高效的旅游生态供应链管理，便捷的购物体验，有效解决了旅游购物的异地管理和异地服务，同时将推进智慧旅游全业态发展。

智慧旅游购物是旅游或旅游业中的一个重要核心要素，为游客提供丰富的旅游购物资源，满足游客的购物体验需求，并解决游客担心的质量之忧和价格之忧，这已成为现代旅游目的地最具吸引力的内容之一。发展智慧旅游购物既是满足我国人民日益增长的物质和精神文化需求的重要渠道；同时又是提高旅游整体经济效益的重要途径，能促进地方经济的可持续发展，也为游客增添了便利。

问题四　为什么发展乡村旅游

对乡村旅游来说，农业就是乡村旅游的精髓。乡村旅游起源于1885年的法国，发展至今已有120多年的历史。由于铁路、公路等交通设施的发展，改善了乡村的可进入性，促进了乡村旅游的发展，使欧洲阿尔卑斯山区和美国、加拿大落基山区成为世界最早的乡村旅游地区，同时也是景观多功能性发挥得最好的地区之一。19世纪80年代乡村旅游开始大规模发展，在德国、奥地利、英国、法国、西班牙、美国、日本等发达国家已具有相当的规模，走上了规范化发展的轨道。国外乡村旅游类型主要有农业旅游、农庄旅游、绿色旅游、偏远乡村的传统文化和民俗文化旅游、外围区域的旅游等。

【旅游生活】

美国乡村旅游：农场与娱乐的结合

美国的乡村旅游主要包括农业旅游、森林旅游、民俗旅游、牧场旅游、渔村旅游和水乡旅游等。人们通过乡村牧场放牧、观光度假、探亲访友、考察体验等方式，既可以观赏田园景色，也可以参与田园耕作，还可以分享丰收果实，有些地方还会举行一些具有当地特色的娱乐项目。城市周边的乡村旅游成为美国游客喜爱的活动。

美国的人均国民收入位居世界前列，富裕的国民出游的目的不再仅仅满足于观光，更多追求的是体验或者休闲，这些新的旅游消费习惯对乡村游的发展起到积极的推动作用，具体表现为：游客开始对文化遗产观光游青睐，对传统以及乡村生活的兴趣增加，拥有更多的假期，对健康问题的关注，更加向往乡村生活、憧憬宁静和无压力的环境。此外，老年人的出游活动愈加频繁。

为了推动乡村游市场的发展，自从1980年以来，美国各地的年度性节日增加比例平均每年达到5%以上，很多乡村游正是以这些节日为纽带组织进行的。如威斯康星州以世界的"汉堡之乡"著称，在1998年就烹制出重达2.5吨的汉堡包，并记入了吉尼斯纪录，从此该州每年都举行享誉全球的"汉堡盛宴"，吸引了大量的旅游者。目前，越来越多的地区已经开始依赖于年度节日所带来的品牌效益，成为众多地区宣传乡村旅游特色、吸引游客的有力工具。

资料来源：李慧. 美国乡村旅游发展概况及对国内农家乐发展的启示[J]. 科技广场，2012（11）.

我国乡村旅游在20世纪80年代起步，基本是围绕乡村独特的自然景观及人文风情发展起来的观光农业。凭借乡村自然景观多样，优美的生态环境，丰富的民俗文化，巨大的客源市场，中国乡村旅游呈现了快速发展的势头。目前，国内乡村旅游基本类型大致包括：以绿色景观和田园风光为主题的观光型乡村旅游；以农庄或农场旅游为主的休闲农庄、观光果园、茶园、花园、休闲渔场、农业教育园、农业科普示范园等体现休闲、娱乐和增长见识为主题的乡村旅游；以乡村民俗、民族风情以及传统文化、民族文化和乡土文化为主题的乡村旅游；以康体疗养和健身娱乐为主题的康乐型乡村旅游。

一、走进乡野的田园

我国发展乡村旅游是解决"三农"问题一个全新的突破口。乡村旅游是一种新型旅游形态,它植根于农村,其经济和社会价值还表现为拓宽农民增收渠道、吸收农村剩余劳动力、提高农业附加值、带动农村第三产业发展、改善农村环境提高农民生活水平、保护原生态文化等。目前,发挥农村多功能性的高端实体——田园综合体,成为大力发展乡村旅游的新模式。

(一)田园综合体的概念

田园综合体是以企业和地方合作的方式,在乡村社会进行大范围整体、综合的规划、开发、运营,形成的是一个新的农村社区生活方式,是企业参与、农业+文旅+地产的综合发展模式。

2017年,国务院发布《关于深入推进农业供给侧结构性改革 加快培育农业农村发展新动能的若干意见》中首次提出"田园综合体",是探索社会资本参与、创新商业模式、城乡元素结合、多方共建共赢的城乡一体化发展新路子。与此同时,在河北、山西等18个省份开展田园综合体建设试点。党的十九大报告中,习近平总书记首次提出了"实施乡村振兴战略",报告指出,农业农村农民问题是关系国计民生的根本性问题,必须始终把解决好"三农"问题作为全党工作重中之重,并提出要坚持农业农村优先发展,加快推进农业农村现代化。田园综合体模式不仅成为文旅资本的投资新宠儿,更是贫困农户脱贫致富的崭新模式。

(二)田园综合体的特征

1. 以产业为基础。以农业为基础性产业,企业承接农业,以农业产业园区发展的方法提升农业产业，尤其是现代农业，形成当地社会的基础性产业。

2. 以文化为灵魂。把当地世代形成的风土民情、乡规民约、民俗演艺等发掘出来，让人们可以体验农耕活动和乡村生活的苦乐与礼仪，还原村子原貌，开发一个"本来"的村子。

3. 以体验为活力。将农业生产、农耕文化和农家生活变成旅游商品出售，让城市居民身临其境体验农业、农事，满足愉悦身心的需求，形成一种新业态。

4. 创新乡村消费。旅游业作为乡村发展驱动性产业选择，带动乡村社会经济的发展，一定程度地弥合城乡之间的差距。而减少城乡物质水平差距的办法，是创造更多机会让城市旅游者走进乡村消费。

5. 实现城乡互动。田园综合体是一种实现城市与乡村互动的一种商业模式。发展城乡互动解决文化差异，在空间上把城市和乡村融合、生活方式融合，实现共同富裕。

(三) 田园综合体项目

1. 无锡田园东方。田园东方位于江苏无锡阳山镇，是我国目前比较成功的田园综合体落地案例，是田园综合体的先行者。2016年3月，由东方园林产业集团投资50亿元建设，是国内首个大型田园综合体项目，项目规划总面积6246亩，力争通过3~4年全面完成，形成集现代农业、休闲旅游、田园社区等产业为一体，倡导人与自然和谐共融与可持续发展，通过"三生"(生产、生活、生态)、"三产"(农业、加工业、服务业)的有机结合与关联共生，实现生态农业、休闲旅游、田园居住等复合功能。

2. 成都多利农庄。多利农庄，位于成都郫都区红光镇、三道堰镇等6村连片规划建设的现代农业有机小镇。以打造国际乡村旅游度假目的地，计划总投资150亿元，占地2700多亩，其中农业用地1950亩。以其优质的生态资源禀赋在成都近郊中极具竞争力，具有集优质有机蔬菜种植、美丽乡村建设、国家级乡村旅游示范区打造为一体的潜力和优势。历时三年的建设，2019年，首批示范农庄和有机生活体验馆正式对外开放，游客可来体验乡村风光、有机蔬菜种植以及乡村酒店等特色旅游。多利农庄是成都市规模最大、档次最高，一、二、三产业融合发展的乡村田园综合体。

3. 蓝城农庄小镇。蓝城农庄，位于浙江省嵊州市施家岙村，占地面积约20亩，主体是一栋落地约400平方米的中式宅院。户外是前庭、后院、菜园，再到大片农田和果林的"庭院园田"四级体系，外园约11亩，种着白丽水蜜桃、短柄樱桃等果树，果树间的空地也被充分利用，套种上了乌塌菜、紫甘蓝等。排涝渠以内是9亩的内园。主体建筑一层架空，二楼是一个合院格局，建筑面积143平方米，青瓦白墙木柱，环绕着凉廊、露台和灰空间，还有巨大的露天中庭。蓝城农庄小镇项目是以"农业+养老"为切入点，打造"宜居、宜养、宜旅"的复合型理想生活小镇，辐射带动周边小镇，改变农民生活。

4. 南和嘉年华乐园。南和农业嘉年华乐园，位于河北省贾宋镇，是南和县政府与中国农业大学合作打造的第一个大型农业综合经济体项目。总投资3亿元，创意风情馆是农业嘉年华的核心部分，占地99亩，展览馆建设连栋温室，建设连栋温室4.1万平方米，设置了疏朗星空、畿南粮仓、本草华堂、童话果园、花样年华、同舟共冀六个嘉年华主题活动场馆，场馆主要以蔬菜、瓜果、花卉、粮食、功能性植物、水科技为元素，展现具有河北地方特色的农艺景观。

5. 青龙农业迪士尼。农业迪士尼，位于河北省青龙满族自治县茨榆山乡,距青龙县城20千米,处在环京津、环渤海经济圈和冀东经济区内。地处北京、承德、秦皇岛旅游金三角的中央,有得天独厚的区位优势。自然环境基底好,气候、空气、水质、土质和森林植被覆盖都比较好,并有一系列的特色产品。旅游资源丰富,有萨满文化、奚族文化、白酒文化、长城文化等传统文化,有祖山、花果山、都山、干沟古镇、青龙河、冷口温泉等旅游景点。青龙农业迪士尼共建设温室场馆9个,其中6个主题温室、2个生态餐厅和1个育苗温室,总建筑面积为64082平方米。场馆主题紧紧围绕冀东和冀北地区主导产业,贯穿生态、绿色理念,以农耕、蔬菜、花卉等当地农业资源为主题进行整体场馆设计,旨在吸引游客,提升乡村旅游价值。

综上所述,田园综合体项目是用景观来发展农业、建设农村,用旅游来经营农业,把农业特色与旅游行为结合起来,打造农业休闲下的乡村旅游发展模式,建设一个高效和谐的经济、社会、自然复合生态系统,从而形成产业型、环保型、生态型、文化型、现代型的新时代乡村振兴格局。

二、收获采摘的欢乐

20世纪90年代,我国大中城市的工薪阶层、白领阶层和金领阶层为了缓解工作压力、调节心情,开始体验瓜果采摘的乐趣,于是全家人一起到郊区旅游度假。因此便诞生了水果采摘园模式,国内最早的采摘体验是深圳的荔枝节。

【链接】

深圳:荔枝节托起高交会

1988年2月3日,深圳市政府决定从当年起,每年举办一次深圳市荔枝节。同年6月28日首届荔枝节开幕。当时,深圳共有荔枝树8万多亩,举办荔枝节有着深厚的群众基础,也有鲜明的地方特色。荔枝节是以品尝荔枝为主题的大型综合性活动,其中包括商品展销、工业引进洽谈、科技交流、贸易交往、文化体育活动等各项内容。深圳荔枝节是应运而生,尤其是在1990年举办的第三届荔枝节,恰逢深圳特区创办10周年,盛况更是空前。10天的节庆中,深圳各类团体举办共28场广场演出活动,还有优秀影片电影周、优秀读物展销会、荔枝杯青年业余歌手大赛和各大公园的游园等活动让市民应接不暇。同时,荔枝节的经贸活动也异常活跃,参加经济贸易洽谈暨商品展销活动的中外来宾有来自北京、上海、黑龙江等26个省份及航空航天工业部等16个中央部委所属总公司700多家工商企业;也有来自日本、美国、新加坡、英国等20多个国家及我国港澳台地区的工商企业界人士。中外客商人数达2万多人,贸易成交总额约人民币5亿元,协议投资项目100多项,签订销售合同及意向书400多份。荔枝为媒、文艺搭台、经贸唱戏,深圳荔枝节的第一个十年,累计为深圳协议利用外资7.4亿美元、内资22.6亿元,商品成交额84.5亿元。

20世纪90年代末,当知识经济和高科技的浪潮席卷全球的时候,深圳乃至全国的高新技术产业发展面临着一次新的挑战和机遇。当时国内的各种科技展会和技术成果交易市场规模小、成效不大,而深圳伴随着华为、中兴等一批本土企业的崛起,整个产业规模和创新能力的发展,也急需获得更大的展示和交易平台。于是深圳市政府决定停办每年一度的荔枝节,将其"变身"为高科技展会。1999年一场定名为中国国际高新技术成果交易会(简称高交会)在深圳隆重举行,从此改写了深圳和全国高新技术产业的发展进程和布局,掀起一场中国科技创新革命。首届高交会以高新技术成果交易为鲜明特色,将高新技术成果交易与专业产品展有机结合在一起,当年参展企业有2856家,参展项目4150个,到会投资商955家,5个外国政府团组,26个国家和地区的86个代表团,32家世界著名的高科技跨国公司,我国31个省份和港澳台地区,以及22所著名高校、4个国家部(院)组团参加了展示交易洽谈,成交额达64.94亿美元。

高交会走过了20年,影响和规模一届比一届大。其交易内容涵盖了物联网、智能制造、人工智能、节能环保、AR/VR、互联网+、大数据、无人系统、智慧城市、航空航天、新能源、新材料、光电平板和现代农业等领域。从荔枝节到高交会,深圳高交会抢占了21世纪高新技术"制高点",承载着国家高新技术成果产业化和国际化使命,已经成为中国高新技术领域规模最大、最富实效、最具影响力的品牌展会,名副其实的"中国科技第一展"。

资料来源:深圳新闻网,http://www.sznews.com/news/content/2018-07/03/content_19448646.htm.

随着采摘园模式越来越普及,多种多样的营销模式缤纷自来,无论体验哪种采摘模式都会让我们寻求到生活的本真。

1. 生态观光游。以园区及园区周边优美的自然生态环境来满足城镇居民回归自然、融于自然的愿望,游客深入其中,尽享田园风光。这是一种以生态观光为主,以蔬果采摘为辅的旅游形式。如梨园、果园等。适合于城市白领和生活较为宽裕的工薪阶层。

【旅游生活】

大梨树村:辽东边境上的生态拥抱

大梨树村,位于辽宁省凤城市,总面积48平方千米,耕地7440亩,山地5.4万亩,是"一个八山半水一分田,半分道路和庄园"的山村。村民5000多人,其中满族占总人口的81%。

大梨树村先后被授予国家4A级旅游景区、中国人居环境范例奖、中国农业公园、全国生态文化村、中国绿色村庄、中国幸福村庄、全国文明村镇、全国首批农业旅游示范点、全国休闲农业与乡村旅游示范点、中国美丽乡村、中国少数民族特色村寨、全国水土保持生态环境建设示范小流域、小康示范村、生态农业示范村、现代农业园区等荣誉。

20多年前，这里是一个荒凉的贫困村。1989年秋天，大梨树村开始了以"修梯田、栽果树"为内容的"绕山转"工程，毛丰美书记带领全村人一干就是十几年，一锹一镐让荒山变了样。累计投资2000多万元，出动人工10多万人次，治理20多座山头，修建高标准梯田10600亩，修环山作业道87千米，把荒山治理成梯田式双万亩果园。同时，建水库、修池塘、治河流、筑堤坝，把旱天干涸、雨季泛滥的小河沟改造成生态景观河，年蓄水量40万立方米，森林覆盖率为80%。

万亩果园建成了，市场水果价格却一路下滑。"满山遍野的鲜果儿卖不出去，怎么办？村子搞起生态旅游！"把果园、水库、池塘摇身一变，成了花果山、小西湖、瑶池等景点，建了"药王谷""影视城""知青城"等别具特色的景点吸引来自四面八方的游客。

大梨树村满村都是景。由休闲农业体验区、民族村落观光区、旅游综合服务区三大功能区组成。休闲农业体验区紧紧依托2.6万亩花果山，几百万株果树，精心打造出闻名省内外的赏花摘果体验游，每年4~10月，成为辽宁省跨时最长、品种最多、参与性最好的休闲农业游目的地。

资料来源：郑辽吉. 生态体验景观构建——以丹东大梨树村为例 [J]. 辽东学院学报，2010（1）.

2. 蔬果采摘游。组织游客在指定果园或温室大棚内开展名特优新果品的观光采摘活动。游客可游览园貌、采摘、品尝、收获农作物等，体验劳作之艰辛，尽享收获之愉悦。如春季的温室草莓采摘游、香瓜采摘节、西红柿采摘节、葡萄采摘节等活动。

这是观光采摘游的最普遍模式，适合于各个阶层的旅游者，是目前采摘园发展的基础。

【旅游生活】

新疆葡萄沟：雪与歌的情怀

葡萄沟，位于新疆吐鲁番市东北的火焰山峡谷中，南北长8千米，东西宽约0.5千米，最宽处可达2千米，一条小溪流贯其间，沟侧沿隙中时有汩汩泉水渗出。2007年，葡萄沟被评为国家5A级景区，景区内建有葡萄沟游乐园、王洛宾音乐艺术馆、达瓦孜民俗风情园、绿洲葡萄庄园和展示维吾尔族建筑特色、民俗民风、体验维吾尔族农家生活的民族村等。

夏天，满沟是层层叠叠的葡萄架，人工引来的天山雪水沿着第一人民渠穿沟而下，两面山坡上，梯田层层叠叠，葡萄园连成一片，桃、杏、梨、桑、苹果、石榴、无花果等各种果树木点缀其间，成为新疆的避暑天堂。沟里村舍农家错落有致，山坡高处还有许多空心土垒砌成的专门晾晒葡萄干的"晾房"。现有葡萄田400公顷，主要种植著名的无核白葡萄、马奶子、喀什哈尔、黑葡萄、比夹干、梭梭葡萄、紫葡萄等数十个葡萄品种，年产鲜葡萄600万千克，葡萄干300多吨。这里生产的无核白葡萄、皮薄、肉嫩、多汁、味美，营养丰富，素有"珍珠"美称，其含糖量高达20%~24%，超过美国加利福尼亚州的葡萄，居世界之冠。无核白鲜葡萄晾制的葡萄干，含糖量高达60%，被视为葡萄中的珍品。

葡萄沟现有一座专供游人参观的葡萄园，在通往这座园子的道路两旁，密密相连的都是出售葡萄干的店铺。在葡萄沟深处，专为旅游者修建了一处占地数千平方米的葡萄游乐园,这里浓荫蔽日,铺绿叠翠,泉流溪涌,曲径通幽,甜蜜的葡萄,醉人的歌舞,令人心旷神怡。

资料来源:欣欣旅游网,https://tulufan.cncn.com/jingdian/putaogou/profile.

3. 科普探险游。这类园区是以建设产业基地发展起来的,在发展初期以育苗以及科技示范为主,后期融入旅游元素。这类园区利用果树科技示范基地优越的硬件设施和丰富的品种资源,向游客(多为青年学生)展示现代化的栽培管理技术,普及果树知识,开展科技探索使他们了解园艺学发展动态。

4. 农事体验游。利用农舍、果品、土特产及依附的田园风光,吸引城市游客"吃农家饭、品农家菜、住农家屋、娱农家乐、购农家物"。游客还可在果园亲自动手,体验果树的嫁接、修剪、疏花、套袋等管理活动,丰富市民对农事活动的了解。这是一种亲近自然、回归自然的特色旅游产品,春、夏、秋三季均可,适合于城市老人、孩子和以家庭为小团体的出游者。

5. 农产品加工过程体验游。例如葡萄,游客可在指定的葡萄酒庄园内参观葡萄的栽培管理、采摘、榨汁、酿造、分装等葡萄酒加工全过程,免费品尝酒庄自酿的葡萄酒。这是适合于相关专业人士和时尚人群。

6. 节庆文化游。在果园内举办多种文化节庆活动,如赏花节、摄影书画比赛、猜灯谜、放风筝等项目,使游客在游玩的同时,自身的文化素养得到提高。如北京大兴举办的西瓜节、北京平谷举办的桃花节等。

【旅游生活】

查干湖:一种祭湖醒网与冰雪渔猎文化

查干湖冬捕,又称查干湖冬季渔猎,是吉林省松原市前郭尔罗斯蒙古族自治县一种传统的渔业生产方式。早在辽金时期，查干湖冬捕就享有盛名。据史料记载，辽帝圣达宗喜欢吃"冰鱼"，每年腊月到冰冻的查干湖上扎营，刮薄冰层，击破薄冰，鲜鱼接二连三地跳上冰面，供君臣欢宴。历史上习惯称这种捕鱼方式叫"钩鱼"。为传承这一古老的捕鱼方式，拉动旅游经济发展，查干湖旅游开发区每年都在12月中旬到次年1月中旬举办冰雪渔猎文化旅游节。2008年，查干湖冬捕成为国家级非物质文化遗产，查干湖旅游区也成为国家级非物质文化园区。查干湖冬捕壮观的情况吸引了众多国内外旅游者。

　　冬捕当天，都会举行"祭湖·醒网"仪式，祭祀天父、地母、湖神、保佑万物生灵永续繁衍，百姓生活吉祥安康，感激大自然对百姓的恩泽。这种仪式是集民俗、宗教、文化于一体的萨满祭祀活动，仪式场面盛大、神秘壮观。参加仪式的人们穿着盛装来到湖边，祭奠着蔓延了千年的丰收喜悦。祭祀仪式上，盛装的蒙古族姑娘为渔工们献上奶干，喇嘛将怀抱的供品逐个递给"渔把头"，"渔把头"按次序将供品摆放在供桌上，然后将九炷香分别插在三个香炉内，"渔把头"手托酒碗高喊："查干湖冬捕的大网醒好了，开始祭湖了。一祭万世不老的苍天！再祭赐予我们生命的大地！三祭养育我们的查干湖！"之后率众喇嘛诵经。祭完湖后，"渔把头"手里拿着"抄捞子"，在已经凿好的那眼冰洞里搅了几下，使劲往上一提，从湖里捞出了一条活蹦乱跳的胖头鱼来。这叫"开湖头鱼"。

　　随着"渔把头"一声"上冰"，所有参加冬捕人员，跳上拉网车或爬犁，三挂大马车，60多号人，浩浩荡荡开赴冰上作业。在千里冰封大东北冬季的松花江畔，每年都有一场盛大的渔猎狂欢，其单网捕捞量不断刷新吉尼斯世界纪录。

资料来源：吉林省文化和旅游厅网站，http://whhlyt.jl.gov.cn/.

三、居住生态浸染的民宿

民宿的起源可以追溯至罗马帝国统治不列颠时期，一些英国家庭为罗马军队的官兵提供家庭空余的床位，并供给早餐。法国、德国也陆续出现这种便宜、便捷的住宿方式。

当前，民宿是指利用当地闲置资源，民宿主人参与接待，为游客提供体验当地人文和自然景观、生态和环境资源及农林渔牧生产活动的小型住宿设施。民宿有别于传统的旅馆或饭店，也许没有高级奢华的设施，但是这种休闲旅游方式越来越被人喜欢。

（一）国外的民宿

民宿在世界各国因环境与文化生活不同而略有差异。

欧美地区多是农庄式民宿经营，让一般旅游者能够舒适地享受农庄式田园生活环境，体验农庄生活。英国民宿称作"B&B"，即"床（bed）与早餐（breakfast）"的缩写，意为提供睡觉的地方以及简单早餐，索费大多每人每晚约二三十英镑，视星级而定，当然价格会比一般旅馆便宜许多。加拿大则是假日农庄模式，提供一般民宿假日可以享受农庄生活。美国多见居家式民宿或青年旅舍，不刻意布置的居家住宿，价格相对饭店宾馆便宜。

民宿风靡欧美，但民宿一词源于日语。日本民宿最早是由一些登山、滑雪、游泳等探险运动爱好者租借民居满足旅途住宿需要发展而来，因而民宿多出现在位于山水奇险之地，这些地方后来慢慢发展成为旅游观光胜地。目前，民宿逐渐遍布于风景优美、人文厚重的日本全国各地，也成为面向大众旅行者提供服务的住宿方式。

随着旅游业的发展，民宿这种独特的旅游业态，就在历史的机缘巧合中诞生，并顺应时代发展延续壮大。如今世界各国的旅游者都有机会体验农场、古堡或民宅，不但可以欣赏优美的自然风光、悠久的历史和人文风情，而且可以亲自参与到当地的日常生活中，成为吸引游人的亮点。

【旅游生活】

阿灵顿排屋：优雅的英式乡村

英国拜伯里（Bibury）小镇，位于英格兰中部的科茨沃尔德地区，被誉为英格兰最美的村庄，能够满足人们对英式农村一切美好的想象。来到拜伯里就要去看看阿灵顿排屋，它是拜伯里镇的标志性建筑。这些建筑建于1380年，原是修道院的羊毛仓库，17世纪的时候被改造成毛纺工人的宿舍，见证着拜伯里的羊毛贸易发展和建筑风格变迁，如今虽有些破败，却透出不一样的古老味道，成为英国一级保护建筑。

阿灵顿排屋四周绿草茵茵，树木浓茂，一条有灵性的小河穿镇而过，最吸引人的景色沿河依次排开。这里保留着英式村庄古老的静谧与美丽，有着400多年历史的蜂蜜色的砖墙小屋整齐排列着，前面的花园拾掇得各有特色，科伦河（River Coln）门前汩汩流淌，有天鹅、野鸭等嬉水。排屋还是许多经典影视剧拍摄地和取景地。每年7~8月的时候，小桥上会走满游人，镇上河边的彩虹鳟鱼场也非常有名，优美如歌的乡村景色，绿意盎然的古老小镇，吸引着众多游客携家带口来此垂钓。

资料来源：https://finance.sina.com.cn/roll/2016-10-10/doc-ifxwrhzc.

（二）我国民宿的发展

我国大陆的旅游民宿发展时间较短，处于起步阶段。2017年，国家旅游局发布了《旅游民宿基本要求与评价》，明确规定了民宿行业标准，同年10月1日起实施。旅游民宿分为两个等级：金宿级和银宿级，金宿级为高等级，银宿级为普通等级。等级越高表示接待设施与服务品质越高。2019年，中国文化和旅游部公告新版的《旅游民宿基本要求与评价》，促进我国的旅游民宿不断完善和持续发展。

在中国台湾，民宿发展有很长的历史，大规模发展始于1981年左右的垦丁国家公园，起因是游憩区假日的大饭店旅馆住宿供应不足或缺乏服务，或登山旅游借住山区房舍，有空屋的人家因而起意挂起民宿的招牌或直接到饭店门口、车站等地招揽游客，而兴起此行业。台湾早期民宿的经营，只是一种简单住宿形态，没有导览或餐饮服务，大都是家庭副业的方式，随着民宿的渐热，原本被定义成家庭副业的经营模式逐渐换成家庭主业经营模式，从而促成了台湾民宿朝向精致化、豪华化、高价化以及高服务化方向演进。

【旅游生活】

中国台湾民宿：融入自然的艺术

中国台湾民宿是台湾乡村旅游中美感、创意、文化的一种完美呈现，无处不体现当地人的一种巧思。它通过环境、活动以及各种巧妙设计，不仅给游客带来大自然的绿色体验，更提供一种充满情味的感觉与氛围，让游客达到放松身心、返璞归真的效果，成为乡村旅游浓重的一抹特色。例如，树也（苗栗）民宿让植物依附的材料作墙壁以求民宿与樟树林共生；秋山居（南投）民宿地处溪水与森林之间顶级的温泉度假民宿；谷野会馆（台中）民宿运用当地丰富的泉水、石材和森林资源融于周边自然环境中。

中国台湾民宿类型有农园民宿、海滨民宿、温泉民宿、运动民宿和传统建筑民宿等。为吸引旅客，民宿创造或提供各种特定体验菜单和体验项目，以特定农业或地方生活技术及资源为设计主题，诸如：农业体验、林业体验（菇菌采拾、烧炭）；牧业体验、渔业体验、加工体验（做豆腐、捏寿司）；工艺体验（押花、捏陶）；自然体验（观星、野菜药草采集、昆虫采集、标本制作）；民俗体验（地方祭典、民俗传说、风筝制作）；运动体验（滑雪、登山）等。台湾的民宿发展越来越精致体贴，越来越融进自然，越来越走进人心。

资料来源：《CNN 评出的台湾十大最美民宿》，https://www.sohu.com/a/131538520_355643。

民宿发展的价值何在呢？民宿改变了人们长久以来对旅行的认识，旅行不再是一种"漂泊"，能够体验"家"的感觉。民宿成为旅行中的品质，是生活美学与情感表达的一种方式。它让旅游者了解了旅游地的风土人情、感受甚至融入民宿主人的生活方式、体验了有别于以往的生活，无论是奔走于远方，仍铭记着家的味道，真正满足了人们的情感需求。

四、旅游和发展同在路上

我国乡村旅游经过 30 多年的建设和发展，已经在全国各地普及开来，乡村旅游以其短途、短时、低价等特征，成为都市居民享受周末和节假日休闲的重要选择。随着我国城市化进程的不断加快，这一市场还在不断扩大。在乡村旅游发展过程中，还存在一些问题需要改进和提高。

（一）乡村旅游存在的问题

1. 乡村地域文化特色不明显。由于乡村旅游开发对区域文化和地域资源的依赖性等原因，乡村旅游的开发，并没有开发的主题。我国乡村旅游开发存在一哄而上和简单复制导致的高度同质化、乡村性本色缺失、观光功能区定位设计重复等问题。有些乡村建筑设施出现了城市化现象，旅游产品呈现商业化趋势，乡村性特色大打折扣，游客消费满足度下降，消费回头率降低。其不良影响是低价拉客竞争，低层次旅游服务和消费，影响乡村旅游的长期发展。

2. 乡村旅游服务粗放不细腻。我国乡村旅游普遍存在基础设施落后，服务水平粗放，管理不规范等现象。由于乡村旅游相关人员对乡村旅游者的行为动机和心理了解不够，服务意识不强，乡村旅游服务产品设计层次较低，影响客户满意度，造成游客持续消费的能力下降，增值服务消费少。乡村旅游作为一种服务产品，提供的不仅仅是对乡村旅游者的旅游参观、餐饮住宿消费、旅游产品购买等服务环节，还应该有淳朴、自然、真实和温暖的品质和家的情怀。

3. 乡村配套设施不健全。我国现代乡村旅游开发时间短、底子薄，加上乡村旅游开发单位的组织性程度不高等各种原因，导致乡村旅游的配套设施普遍不健全，难以给旅游者提供系统优质的服务。主要体现在道路交通、景区开发等基础设施建设落后；餐饮、住宿、文化、娱乐等配套层次低甚至不健全，难以满足旅游消费者基本需求和差异化多层次需求，使很多乡村旅游演变为单纯的参观游或餐饮游，这种旅游产品的单一化倾向严重影响到乡村旅游的深度开发和创收能力。

4. 乡村旅游缺乏创新宣传。比较发达国家和我国台湾等地，我们的乡村旅游普遍缺乏有效的和有特色的宣传、促销和推广活动。由于乡村旅游的门槛低、投入不够，乡土文化宣传不足。同时乡村项目规划层次较低，对乡村旅游资源的挖掘和价值认识不够，从而造成了宣传形式原始单一，缺乏创新，通常是旅游者的口口相传，使得非常美丽的乡村景观和资源没有挖掘和展示出来。

5. 生态环境污染严重。由于乡村旅游的开发和研究均处于较低层次，早期建设缺少科学规划，没有针对当地的生态和景观条件进行细致分析，例如，在天然的湖面和水库建设现代化的水上乐园，拦截天然河流方便漂流等在很大程度上破坏了生态环境。另外，乡村垃圾的处理往往堆放在路边或是斜坡沟壑里，甚至直接倾倒在河流中，造成了一定的环境污染。这些都严重影响了我们旅游的美好印象，也限制了乡村旅游的发展。

(二) 乡村旅游发展的策略

1. 加强旅游规划，突出乡村特色。首先，要搞好乡村旅游开发的项目规划、评审和管理服务。通过提升规划的层次水平，避免低层次的开发和重复建设，尤其是对旅游资源破坏式掠夺式的开发建设。其次，要提升乡村旅游开发的组织化程度。乡村旅游虽然是开发乡村旅游资源，这往往涉及自然乡村的山水土地房屋等自然人文要素，需要调动各家各户的参与积极性，应该引入实力雄厚的专业旅游开发公司进行资源整合和统一开发，以提升整体规划水平，打造独具特色的乡村旅游项目。再次，专业的旅游开发公司才有资金、有实力对乡村旅游进行综合开发，开发出有显著地域特色的旅游商品和服务产品，提高乡村旅游产品的趣味性、知识性和参与性，提高旅游商品销售竞争力及增值能力。

2. 规范乡土服务，细致旅游经营。一方面，引入专业旅游开发公司较好地整合分散的乡村旅游资源，妥善协调好各参与主体的利益关系，促进乡村旅游服务的流程化、规范化，使游客可以享受到乡村旅游的自然风光、风土人情、乡村美食，使身心得以愉悦和放松。另一方面，改变村民服务意识不强的局面，突出其"乡土性"和"淳朴性"，参与到乡村旅游的产业发展链条中，就要提高服务意识和服务水平。

3. 健全配套服务，提升旅游水平。首先，政府要改善交通和道路等基础设施建设，减少私人交通工具普遍使用带来的交通拥堵。其次，旅游景区的导游、餐饮、交通、住宿、文化娱乐等方面配套服务要满足旅游者心理认同和满意度。

4. 塑造旅游形象，创建乡村品牌。搞好乡村旅游市场整合促销，避免以家庭为单位的单一的农家乐模式，加大品牌传播力度。要善于向远道而来的游客讲乡愁故事，讲乡村悠久的历史、灿烂的文化、传奇的人物和时代的变迁，塑造特色旅游形象。

我们知道，乡村旅游是以旅游度假为宗旨，以村庄野外为空间，以人文无干扰、生态无破坏、游居和野行为特色的村野旅游形式。乡村旅游对推动经济不景气的农村地区的发展起到了非常重要的作用。在许多国家，乡村旅游被认为是一种阻止农业衰退和增加农村收入的有效手段。在美国，有30个州有明确针对农村区域的旅游政策，其中14个州在它们的旅游总体发展规划中包含了乡村旅游。在以色列，乡村旅游开发被作为对农村收入下降的一种有效补充，乡村旅游企业数量逐年增多。加拿大、澳大利亚、新西兰、前东欧地区和太平洋地区在内的许多国家，都认为乡村旅游业是农村地区经济发展和经济多样化的动力。我们的乡村旅游发展还在路上。

问题五　如何享受浪漫的休闲旅游

休闲旅游是旅游业发展到一定阶段的产物。国外休闲旅游起源于19世纪中叶的欧洲,20世纪60年代被西班牙大众所接受。随着休闲时代的到来,人们的休闲理念和休闲行为越来越明显。2017年,我国休闲旅游在整体旅游市场占比超过50%。休闲旅游不是简单地从观光旅游过渡而至,它是旅游活动的融合,是旅游发展的一种转化和升华。休闲旅游以消遣娱乐、康体健身、休憩疗养、放松身心为主要目的,与传统观光旅游相比,休闲更强调安逸舒适、环境优美、娱乐生活丰富多彩、增进身心健康的游憩设施和高品质的服务。

一、品味自由轻松的闲暇时光

休闲旅游是指以旅游资源为依托,以休闲为主要目的,以旅游设施为条件,以特定的文化景观和服务项目为内容,为离开定居地而到异地逗留一定时期的游览、娱乐、观光和休息行为。休闲旅游源自人们出游次数的增加和出游经验的丰富,以及信息化的普及,像自驾游、自助游、房车游等休闲新形式层出不穷。

【旅游生活】

巴厘岛：享受的天堂

巴厘岛位于印度尼西亚爪哇岛东部，地处南纬8°，热带雨林气候，面积5620平方千米，北部地区多是山地，机场和大部分经典景点集中在岛的南部。岛上热带植被茂密，是举世闻名的旅游岛。巴厘岛80%的人信奉印度教，通行印尼语和英语。

巴厘岛的休闲度假品质是世界一流的水平，每年吸引外国游客总数达300多万人次，岛上居民80%都从事旅游业。巴厘岛对中国实行免签政策。主要旅游景点有海神庙、高尔夫球场、圣泉庙、乌布王宫、京打玛尼火山、乌鲁瓦图断崖、金巴兰海滩、库塔海滩、努沙杜瓦海滩、木雕之乡、神鹰广场、阿勇河漂流（泛舟）、圣猴森林公园等。特色美食有生菜沙拉、什锦饭、水果沙拉、烤乳猪、早餐松饼、烤鸭餐、巴厘水果、脏鸭餐厅等。

巴厘岛休闲特色项目集中体现在天然SPA、漂流、皮影、绘画、蜡染、雕刻、手工、纱笼、舞蹈、咖啡等方面。在巴厘岛，你可以去蓝梦岛浮潜、去佩尼达岛探险、去阿勇河漂流刺激冒险、去俱乐部滑翔伞天际翱翔、惬意的泡酒店品下午茶、躺下来享受天堂SPA。

资料来源：巴厘岛文化特色，https://jingyan.baidu.com/article/25648fc1fc05e39191fd0038.html.

（一）休闲旅游的特征

休闲旅游是旅游者支配自己的闲暇时间用于旅游活动，以达到放松、体验、娱乐、康健等目的。休闲旅游实质是想享受与日常不一样的生活方式，所表现的旅游内涵是修身养性、愉悦放松。让身心放松是休闲旅游的基本要求，休闲就是处于一种"无所事事"的境界中积极的休息。逃离紧张的生活状态，到令人向往的景区度假、游泳、阅读，或置身于温煦的日光下的海滨，或在森林草原之间享受着负离子，使身心完全放松，享受人与自然的和谐之美。

通常休闲度假游表现为三个特点：

1. 故地重游率高。休闲旅游具有一个显著的特点，就是游客对其认同的度假地具有持久的兴趣和稳定的忠诚度，甚至对一家度假酒店和一种饮食也有稳定的钟爱情结。旅游者故地重游率较大，高品质的服务往往会留住一批"回头客"群体。重复地到达同一旅游目的地，说明其品牌优势和服务质量的高端。

2. 消费层次高。随着收入水平提高、闲暇时间增多、文化品位提升，外出休闲旅游者通常是一些发达地区和一些高收入的人群。由于他们对服务品质要求高，也就决定了他们的消费层次也很高。

3. 旅游停留时间长。休闲旅游与观光旅游的重要区别，在于休闲旅游对目的地的指向比较集中。与观光旅游所追求的"多走多看"理念不同，休闲旅游者则往往在一个地方停留较长的时间，而且休闲放松消费的目的性非常明确。

（二）休闲旅游产品

休闲旅游产品指通过对温泉、海滩、森林、湖泊、山地、乡村等旅游资源的开发、设计、整合和创新，满足游客消遣、健身、娱乐、社交等需求的设施和服务的综合产品。根据旅行者在目的地停留天数和消费水平等因素显示了现阶段我国休闲度假指数高的目的地。从国内旅游目的地城市看，以三亚、厦门、杭州、上海、成都、北京、大理、昆明、丽江、广州等地休闲旅游人数居多。从出境目的地来看，以马尔代夫、夏威夷、大溪地、毛里求斯、斐济、塞舌尔、巴厘岛、长滩岛、沙巴、普吉岛、中国台湾、迪拜、中国香港、巴黎、伊斯坦布尔等地为主要休闲场所。

国内一些优势的休闲旅游胜地有天目湖御水温泉度假村、厦门日月谷温泉度假村、亚龙湾国家旅游度假区、南京汤山颐尚温泉度假村、北京九华山庄、阳江温泉度假村、云南柏联SPA温泉、庐山西海国际温泉度假村、花水湾四季温泉谷、丽江悦榕庄等。

休闲旅游追求的品质用关键词体现出来，它们是海岛、美食、自然探索、户外运动、家庭亲子、五星酒店、避寒/避暑、城市休闲、深度体验、疗休养等。

【旅游生活】

亚龙湾：度假的王国

亚龙湾，位于海南省三亚市东郊一个月牙湾，属于热带海洋性气候，拥有7千米长的银白色海滩，沙质相当细腻。集阳光、白沙、蓝色海水、绿植和新鲜空气于一体，水面10米以下珊瑚景观清晰可见，岸上林木郁郁葱葱，构成现代休闲旅游综合体，适宜四季游泳和各类海上运动。海湾面积66平方千米，可同时容纳十万人嬉水畅游，数千只游艇游弋追逐，号称"东方夏威夷"。

亚龙湾国家旅游度假区是我国唯一具有热带风情的国家级旅游度假区，位于三亚市东南面25千米处。度假区规划面积18.6平方千米，拥有滨海公园、豪华别墅、会议中心、高星级宾馆、度假村、海底观光世界、海上运动中心、高尔夫球场、游艇俱乐部等国际一流水准的旅游度假区。

全国政协副主席、香港著名实业家霍英东先生曾这样评价："亚龙湾美丽的海滩，香港没有，日本没有，印尼的巴厘岛不及，只有夏威夷同属休闲型，但亚龙湾的阳光、海水、沙滩、高山、空气五大旅游要素优于夏威夷，亚龙湾可以建成亚洲最理想的度假胜地。"1992年，联合国世界旅游组织秘书长萨维尼亚克对亚龙湾考察后，兴奋地挥笔写道："亚龙湾具有得天独厚的自然条件，银色的沙滩，清澈的海水，绵延优美的海滨，未被破坏的山峰和海岛上有原始粗犷的植被，这是一个真正的天堂。"

资料来源：海南旅游官网，https://www.explorehainan.com/zh/index/index.shtml。

(三) 未来休闲旅游的发展趋势

我国每年出游人数最多的客源城市排名有上海、北京、天津、广州、杭州、成都、南京、深圳、武汉、重庆、西安、长沙、厦门、昆明、无锡、青岛、郑州、沈阳、济南、合肥等。随着休闲时代的到来，休闲度假旅游呈现出以下趋势：

一是在空间上，各种旅游资源和生活资源都将成为休闲旅游的载体；二是在产品上，滨海、山地、温泉、森林等各种形态呈现多元发展趋势；三是在内容上，休闲旅游的形式将紧跟旅游者休闲需求，满足游客在出游过程中有看头、有玩头、有住头、有吃头、有买头、有说头、有行头、有学头、有聊头、有享头等消费需求；四是在休闲程度上，休闲旅游各式各样，既有近距离的浅休闲、浅度假，也有远距离的深度假、全休闲的新模式；五是从发展上，从近距离的休闲活动，逐步向远距离目的地空间扩展，复合型休闲旅游在不断交叠、交融中发展；六是从方式上，生活型旅游休闲以及主客共享将成为休闲时代潮流。

【旅游生活】

鸭绿江边河口村：一个桃花盛开的地方

1982年，词作家邬大为、魏宝贵采风到鸭绿江边河口村，被美景吸引欣然作词，作曲家铁源谱曲了《在那桃花盛开的地方》，歌唱家蒋大为一唱走红，"在那桃花盛开的地方，有我可爱的故乡，桃树倒映在明净的水面，桃林环抱着秀丽的村庄。"桃花盛开的地方成为人们心目中向往的地方。

歌中美景是宽甸满族自治县长甸镇河口村，位于中朝边境的辽宁省丹东市，是鸭绿江国家风景名胜区中6大景区之一，素有"塞外江南"之美誉，也是我国燕红桃主要生产基地。河口村绵延5千米的沿江山坡上，分布着多达4万亩、几十万株燕红桃树，每年春季，河口的桃花竞相开放，畅游桃林、置身花海，宛若人间仙境。

河口村有一座断桥，是1942年侵华日军为加速掠夺我国物产资源而修建的，桥长709.12米，桥面宽6米，高25米，22座桥墩，原来叫"清城桥"。在抗美援朝战争中，这里是战争的最前哨。1951年3月29日，美军出动六批次、三十余架飞机轮番轰炸，成为河口断桥。

村上有座岸英小学。毛岸英烈士抗美援朝去朝鲜时是从河口出发的。2001年，他的妻子刘松林女士和毛主席的孙子毛新宇来到河口村，参加了岸英小学的奠基仪式。

目前，河口村有农家乐200家，还有秋白桃300亩、板栗300亩、寒富苹果500亩。休闲度假来到这里，融入青山、绿水、桃花、断桥的美景中，体验淳朴东北边境民风和异国风情。2014年，河口被誉为"中国十大最美乡村"之一。

资料来源：中国新闻网，http：//www.chinanews.com/df/2016/04-29/7854301.shtml。

未来，休闲旅游的无景点趋势明显，旅游者追求的体验和舒适，就是走进生活中的美景。随着非标和个性化、民宿、当地向导、私人定制业务等旅游影响因素成倍增长，以及休闲平台呈现的移动化趋势，人们习惯于一站式购买与服务和即时决策等将发生改变，我们边走边生活，边生活边走，在休闲旅游的路上不断前行，不断提高生活品质。

二、体验风情娱乐的主题园

联合国《世界人权宣言》指出："人人都有休息和消闲的权利。"休闲活动范围极广，从家庭阅读、看电视、户外体育活动、外出度假等，休闲运动的自主性、自由性、消遣性和参与性有独特之处。

在众多休闲旅游活动中，主题园是一种为旅游者的消遣娱乐而设计的人造景观。自世界上第一个主题园——迪士尼乐园建成以来，主题园浪潮风靡世界，这种休闲娱乐旅游形式对区域的房地产业、建筑业、金融业、餐饮业等起到了极大的刺激和促动。

【旅游生活】

上海迪士尼：热闹的现代主题公园

上海迪士尼乐园，位于上海市浦东新区川沙新镇，于2016年6月16日开园，是中国内地首座迪士尼主题乐园，是中国第二个、亚洲第三个、世界第六个迪士尼主题公园。上海迪士尼乐园拥有七大主题园区（米奇大街、奇想花园、探险岛、宝藏湾、明日世界、梦幻世界、玩具总动员）；两座主题酒店（上海迪士尼乐园酒店、玩具总动员酒店）；一座地铁站（迪士尼站）以及多个游乐项目。

上海迪士尼的探险岛主题园区是游客参与体验最多的地方。在独特布景、原创音乐以及部落传说中，带领游客走进远古亚柏栎人的故事，进入新发现的远古部落，去体验雷鸣山漂流、人猿泰山丛林的呼唤、古迹探索营、翱翔飞越地平线、部落丰盛堂等景点，整个景区将以水域、大地和天空为主题。

世界上有六个迪士尼主题公园，分别建在洛杉矶（1955）、奥兰多（1971）、东京（1982）、巴黎（1992）、香港（2005）和上海（2016）。迪士尼项目充满刺激，新鲜好玩，安全性高，能满足王子梦公主梦，能够给予神奇的代入式体验，能让大人重返童年、保持童心。

资料来源：上海迪士尼度假区官方网站，https：//www.shanghaidisneyresort.com/.

（一）主题公园的前世今生

主题公园的前身是游乐园，最早可以追溯到古希腊、罗马时代的集市杂耍。它通过音乐、舞蹈、魔术表演、博彩游戏等手段来营造热闹气氛、愉悦公众并吸引游客。17世纪初，欧洲兴起了以绿地、广场、花园与设施组合再配以背景音乐、表演和展览活动的娱乐花园。这是游乐园的雏形。

游乐园由欧洲传入美国后，朝设置大型、惊险机械游具方向发展。"二战"后随着科技和经济的繁荣，人们生活方式和游憩偏好发生了变化。电影动画师沃尔特·迪斯尼建成了世界上第一个主题园——迪士尼乐园。迪士尼乐园运用影视、卡通、机械、电子等艺术和技术手段吸引游客。第一年接待游客是当年全美入境旅游者的两倍。

20世纪70年代以来，随着亚洲经济的繁荣，游乐园也开始在亚洲兴起。中国香港、新加坡、韩国、印度尼西亚等相继建立了自己的主题园。中国香港和新加坡旅游收入远远超过城市人口数，旅游带动了物流、商品流、信息流、资金流，以及促进了宾馆、餐饮等服务的高速发展。

当前，主题园浪潮仍然对地区经济产生重要的影响。主题园在一些国家和地区结合地域文化和社会经济状况产生了许多新的类型，如"微缩景观""民俗村""植物生态园""水上乐园""影视城""海洋公园"等。

（二）我国的主题公园

我国主题公园发展始于20世纪80年代。从上海的大观园、无锡的吴文化公园，到深圳的锦绣中华微缩景观主题园、无锡唐城和三国城、上海梦幻乐园、江苏昆山福禄贝尔乐园，再到上海的迪士尼乐园，经历了几个阶段的探索后，主题园已经初具规模，由旅游观赏型向休闲度假复合型转变，大大发展了参与性和娱乐性项目，逐渐强化了品牌。

目前国内著名的主题园有：香港迪士尼乐园、深圳世界之窗、横店影视城、中华回乡文化园、武汉极地海洋世界、上海欢乐谷、常州中华恐龙园、北京欢乐谷等。

【旅游生活】

深圳世界之窗：一个微缩的世界

深圳世界之窗，位于广东省深圳市南山区华侨城的大型文化旅游景区，占地48万平方米，是中国著名的缩微景区，以弘扬世界文化为宗旨，是一个把世界奇观、历史遗迹、古今名胜、民间歌舞表演融为一体的人造主题公园。

全园分为世界广场、亚洲区、美洲区、非洲区、大洋洲区、欧洲区、雕塑园和国际街8个主题区130个景点，分别展示了法国埃菲尔铁塔、巴黎凯旋门、意大利比萨斜塔、印度泰姬陵、埃及金字塔等一百多个世界著名的文化景观和建筑奇迹。公园中的各个景点都按不同比例仿建，精巧别致、惟妙惟肖。有些景点气势非常壮观，如缩小为1/3比例的法国埃菲尔铁塔高108米巍然耸立，游人可乘观光电梯到塔顶饱览深圳市和香港的风光；缩小的尼亚加拉大瀑布面宽有80多米，落差十多米，水流飞泻，吼声震天，声势浩大。

世界之窗景区活动中心的世界广场可容纳游客万余人，广场四周耸立着108根不同风格的大石柱和近两千多平方米的浮雕墙，还有象征世界古老文明发祥地的六座巨门，正面有十尊世界著名雕塑，一座华丽的舞台上有世界各地的艺术家表演精彩的节目，让游客在文化和艺术的氛围中尽情享受。

资料来源：世界之窗，http://en.szwwco.com/deduction/list_166.html.

三、开启人与自然和谐的康养生活

《国家康养旅游示范基地标准》定义：康养旅游通过养颜健体、营养膳食、修身养性、关爱环境等各种手段，使人在身体、心智和精神上都能达到自然和谐的优良状态的各种旅游活动的总和。

（一）康养旅游的顶层设计

目前，国家政策逐渐形成对健康产业及康养旅游的顶层设计。2015年，继提出建设"美丽中国"之后，"健康中国"战略呼之欲出，被首次写入政府工作报告，并上升为国家战略，与"美丽中国""平安中国"一起成为"十三五"规划的三大关键词。2016年，康养产业被多地列入"十三五"规划之中，并编制了详细的发展战略及指导性政策意见。在细分产业上，森林康养被纳入《林业"十三五"发展规划》；康养旅游首个规范性文件——《国家康养旅游示范基地标准》出台，康养旅游示范基地包括康养旅游核心区和康养旅游依托区两个区域，康养旅游核心区具备独特的康养旅游资源优势，而康养旅游依托区能为核心区提供产业联动平台，并在公共休闲、信息咨询、旅游安全、休闲教育等公共服务体系上给予有力保障。

2016年2月，国家林业局发布关于启动《全国森林体验基地和全国森林养生基地试点建设工作指导意见》的通知，把发展森林体验和森林养生作为森林旅游行业管理的重要内容，要结合各地实际，统筹谋划，积极推进，以抓好、抓实森林体验和森林养生基地建设为切入口，充分汲取国内外相关领域的发展理念和成功经验，努力提高建设档次和服务水平，不断满足大众对森林体验和森林养生的多样化需求。大力推行森林康养产业试点，以期创造新产业经济，提升经济增长质量。

2016年4月，国家林业局发布《中国生态文化发展纲要（2016－2020年）》指出，我国4300多个森林公园、湿地公园、沙漠公园和2189处林业自然保护区，森林旅游和林业休闲服务业年产值5965亿元；森林文化、生态旅游、休闲养生等生态文化产业，正在成为最具发展潜力的就业空间和普惠民生的新兴产业。以国家级森林公园为重点，建设200处生态文明教育示范基地、森林体验基地、森林养生基地和自然课堂。推进多种类型、各具特色的森林公园、湿地公园、沙漠公园、美丽乡村和民族生态文化原生地等生态旅游业，以及健康疗养、假日休闲等生态服务业的建设。推动与休闲游憩、健康养生、科研教育、品德养成、地域历史、民族民俗等生态文化相融合的生态文化产业开发，加强基础性建设。

2016年5月，国家林业局又印发了《林业发展"十三五"规划》指出，森林年生态服务价值达到15万亿元，林业年旅游休闲康养人数力争突破25亿人次。要求大力推进森林体验和康养，发展集旅游、医疗、康养、教育、文化、扶贫于一体的林业综合服务业。开发和提供优质的生态教育、游憩休闲、健康养生养老等生态服务产品。加大自然保护地、生态体验地的建设力度，开发和提供优质的生态教育、游憩休闲、健康养生养老等生态服务产品。重点强调发展森林旅游休闲康养产业，构建以森林公园为主体，湿地公园、自然保护区、沙漠公园、森林人家等相结合的森林旅游休闲体系，大力发展森林康养和养老产业。到2020年，各类林业旅游景区数量达到9000处，森林康养和养老基地500处，森林康养国际合作示范基地5~10个。

2016年10月，国务院发布《"健康中国2030"规划纲要》指出，发展健康服务新业态。积极促进健康与养老、旅游、互联网、健身休闲、食品融合，催生健康新产业、新业态、新模式。培育健康文化产业和体育医疗康复产业。制定健康医疗旅游行业标准、规范，打造具有国际竞争力的健康医疗旅游目的地。大力发展中医药健康旅游。打造一批知名品牌和良性循环的健康服务产业集群，扶持一大批中小微企业配套发展。鼓励发展多种形式的体育健身俱乐部，丰富业余体育赛事，积极培育冰雪、山地、水上、汽摩、航空、极限、马术等具有消费引领特征的时尚休闲运动项目，打造具有区域特色的健身休闲示范区、健身休闲产业带。

2017年，《中共中央、国务院关于深入推进农业供给侧结构性改革加快培育农业农村发展新动能的若干意见》提出，大力发展乡村休闲旅游产业。充分发挥乡村各类物质与非物质资源富集的独特优势，利用"旅游+""生态+"等模式，推进农业、林业与旅游、教育、文化、康养等产业深度融合。

2018年，《中共中央、国务院关于实施乡村振兴战略的意见》提出，实施休闲农业和乡村旅游精品工程，建设一批设施完备、功能多样的休闲观光园区、森林人家、康养基地、乡村民宿、特色小镇。加快发展森林草原旅游、河湖湿地观光、冰雪海上运动、野生动物驯养观赏等产业，积极开发观光农业、游憩休闲、健康养生、生态教育等服务。创建一批特色生态旅游示范村镇和精品线路，打造绿色生态环保的乡村生态旅游产业链。

由此可见，从中央到地方，从大康养领域到健康、养老、森林康养和康养旅游等，都有了完善的政策支撑体系。

【旅游生活】

张家界：人间仙境

"国家公园"概念源自美国，据说1832年由美国艺术家乔治·卡特林提出，源自他对美国西部大开发对印第安文明、野生动植物和荒野的影响的忧虑。之后被全世界许多国家使用，基本是指自然保护区的一种形式。我国的国家公园主要形式有森林公园、自然保护区、风景名胜区、生态示范区、国家地质公园以及国家级的湿地保护区、国家海洋类型自然保护区等。国内最早的国家森林公园是1982年建立的张家界国家森林公园。

张家界，位于湖南省西北部，原名"大庸市（1994年更名）"。地处云贵高原隆起与洞庭湖沉降区结合部，东接石门、桃源县，南邻沅陵县，北抵湖北省的鹤峰、宣恩县。中亚热带山原型季风湿润气候，雨量丰沛（年均降水量1400毫米），阳光充足。地貌主要有山地、岩溶、丘陵、岗地和平原等，山地面积占总面积的76%。市界东西最长167千米，南北最宽96千米，总面积9653平方千米，占湖南省面积的4.5%。张家界市辖2个市辖区（永定区、武陵源区）、2个县（慈利县、桑植县）；全市共有7个街道、32个镇、47个乡、15个民族乡。全市有少数民族33个，以土家族、白族、苗族为主，少数民族人口占总人口的77.2%。

张家界因旅游建市，是国内重点旅游城市。1982年9月，张家界国家森林公园成为中国第一个国家森林公园，森林覆盖率71%。张家界武陵源风景名胜区由张家界国家森林公园、天子山自然保护区、索溪峪自然保护区、杨家界四大景区构成。1988年8月被列入国家重点风景名胜区；1992年被联合国教科文组织列入《世界自然遗产名录》；2004年被列入全球首批《世界地质公园》；2007年被列入中国首批国家5A级旅游景区，也是电影《阿凡达》的取景地。2017年被授予"国家森林城市"称号，是生态旅游、森林旅游、休闲旅游等理想境界。

资料来源：张家界市政府门户网站，http：//www.zjj.gov.cn；https：//baike.baidu.com/item/张家界/.

（二）全面理解康养旅游

随着康养旅游的发展和消费者对康养需求的变化，康养旅游产品类型不断丰富和完善，主要表现有三类。一是观光型产品，以环境美化、自然山水风光、美丽乡村为主，打造"养眼"的观光系列基础产品；二是休闲型产品，以健康养生、运动康体、医疗保健、慢病康养等为主，打造"养身"的休闲、康复系列重点产品；三是文化型产品，以历史文化、少数民族文化、宗教文化等为主，打造"养心"的文化系列康养特色产品。除了以上这种按产品内容划分的方式，康养旅游产品还可以从多个角度进行划分。

未来的康养旅游是通过将区域的特色资源与旅游过程中各个环节相结合，打造出以某一类型的康养服务为主的康养旅游产品，并在此基础上增加康养活动和旅游活动，以提高产品丰富度。同时，开发过程中将会更加注重消费者在旅游"食住行游购娱"各环节的体验性和舒适性，以提高康养旅游产品的质量。

食方面。康养旅游将强调饮食的健康性，逐渐推出原生态的绿色、生态、健康食品，同时针对不同的康养需求，开发出美容养颜、延年益寿、养胃健脾、降血降脂等主题食疗食物。

住方面。安全、舒适、温馨的住宿环境对提升睡眠质量至关重要,而康养的重要一环就是保证良好的睡眠质量。此外,与住宿配套的系列助眠产品也将受到欢迎。住宿舒适感体现在空气、温度、湿度等方面;助眠产品主要包括配套运动器材和测量工具等。

行方面。主要指在康养旅游过程中的小交通。诸如步行、慢跑、自行车等景区小交通往往具有康体、休闲和娱乐的功能,未来的康养旅游开发将更加重视休闲康体游道的建设。

游方面。是以健康为核心的旅游活动。康养旅游的"游"必不可少,这是康养旅游实现的主要方式。康养旅游活动将会从单一的注重强身健体转向强调调节心情、益智健脑和陶冶性情。

购方面。指的是与康养产品相关的消费。如服务类的医疗服务、中医理疗、健康咨询等,实物类的养生食品、康养医药、康体器械等。

娱方面。具有康养功能的休闲娱乐活动在康养旅游中必不可少,如步行、游泳、高尔夫、户外探险等活动,既具有娱乐性,也有康养功能。

(三) 康养旅游市场广阔

作为把旅游业和"大健康"产业结合的康养旅游,拥有着良好的环境基础、旅游需求和客源市场,是发展空间巨大的蓝海市场。

目前,国内养生旅游占旅游交易规模的1%左右。2015年中国旅游市场总交易规模为41300亿元,康养旅游的交易规模约为400亿元。由此可见,我国康养市场需求庞大,而康养市场的供给不充分,未来国内康养旅游市场规模将呈现快速增长的态势。

【旅游生活】

巴马：神奇的长寿之乡

巴马瑶族自治县是广西壮族自治区的一个山区县，是世界五个长寿村之一，位于南宁以西 250 千米。1990 年第四次人口普查时该县有 1958 位 80~99 岁老人，69 位百岁以上的寿星，其中年龄最大的 135 岁，每 10 万人中有百岁以上长寿者 30.8 人，居世界第一。长寿的巴马成为大健康时代人们追踪向往的热点区域。

巴马人长寿与地理、气候、环境有密切的关系，更与和谐的社会环境、长寿老人良好的生活方式、合理的膳食结构有关，其膳食结构基本上是"四低一高"：低盐、低糖、低脂肪、低动物蛋白、高纤维。他们吃的是自己种的无污染蔬菜和粗粮，主食是玉米、大米，并配以野菜、红薯等，只吃少量肉。

地理环境也与巴马人的长寿有着不可分割的关系。一是巴马的空气。负氧离子很高，著名的水晶宫、百魔洞和百鸟岩等旅游景点，每立方厘米的负氧离子竟高达 2 万~5 万个。负氧离子被称为"空气中的维生素"和"长寿素"。来自全国各地的众多中老年朋友，每天都到巴马的百魔洞里来"吸氧"，在山泉中沐浴，络绎不绝。二是巴马的水多是地下水和富含矿物质的山泉水，又称小分子水。巴马的可滋泉水属于天然弱碱性水（Ph 值为 7.2~8.5），富含丰富矿物质和微量元素，极易进入人体细胞膜被人体吸收。三是巴马地磁比其他地方高。巴马有一条断裂带，直接切过地球地幔层。地球上一般地区地磁约在 0.25 高斯，而巴马的地磁高达 0.58 高斯。有科学考证：人们生活在恰当的地磁场环境中，身体发育好，血清清洁且循环好，心脑血管发病率低，身体免疫力高，能协调脑电磁波，提高睡眠质量。四是巴马的阳光。在高磁场的作用下，巴马日照时间平均 5 小时，80% 属于 4~14 微米波长的远红外线，不仅能激活水，更能激活人体组织细胞，增强人体新陈代谢，改善微循环，提高人体免疫力。五是巴马的土壤。富有优质的双歧杆菌和乳酸杆菌，富含锰和锌，能够保护血管，起到延年益寿的作用。巴马的百岁老人无心脏病和脑血栓，绝大多数都是无疾而终。

资料来源：广西河池巴马瑶族自治县人民政府门户网站，http://www.bama.gov.cn/zjbm/；人民网广西频道，《告诉你一个更深刻的巴马》，http://gx.people.com.cn/GB/n2/2017/0707/c179430-30438872.html.

问题六　怎样参与高端的会展旅游

会展旅游在我国是一项新兴产业，它是借助举办会议、研讨、论坛等会务活动以及各种展览而开展的一种商务旅游形式。会展业和旅游业是两个相对独立的产业部门，但是具有较强的产业关联性，举办会展不仅使当地的展览馆、饭店和餐饮服务业受益，而且对相关的电信、交通、购物、旅游服务以及城市市政建设都有积极的促进作用。伴随着全球会展业发展和我国全域旅游的实施，会展与旅游融合是一种趋势，会展旅游作为朝阳产业有利于提高城市旅游设施和服务的使用率，有利于带动城市功能的提升、增加城市的知名度。

【旅游生活】

乌镇：枕水人家与世界互联互通

乌镇，地处浙江省嘉兴市桐乡北端，京杭大运河西侧，西临湖州市，北界江苏吴江县，为两省三市交界之处。作为首批中国历史文化名镇、中国十大魅力名镇、全国环境优美乡镇、国家5A级景区，乌镇素有"中国最后的枕水人家"之誉。

乌镇古名乌墩、乌戍。大约在7000年前的新石器时代，乌镇的先民在这一带繁衍生息，属于马家浜文化。春秋时期，乌镇是吴越边境，吴国在此驻兵以防备越国，史称"乌戍"。乌镇是河流冲积平原，沼多淤积土，故地脉隆起高于四旷，色深而肥沃，遂还有乌墩之名。

世界互联网大会是中国举办的规模最大、层次最高的互联网大会，也是世界互联网领域的高峰会议。首届始于 2014 年 11 月，每年一次，旨在搭建中国与世界互联互通的国际平台和国际互联网共享共治的中国平台，让各国在争议中求共识、在共识中谋合作、在合作中创共赢。

乌镇互联网国际会展中心位于西栅景区，总占地面积 203 亩，建筑占地面积 4 万平方米，建筑面积 8.1 万平方米，其中地上建筑面积约 6 万平方米，地下建筑面积 2.1 万平方米，设置地下停车位 700 余个。会展中心由三座建筑组成，至南而北分别为会议中心、接待中心和展览中心三个功能区块。乌镇互联网国际会展中心的设计具有国际高峰会议功能和中国江南水乡的建筑风格双重特性，展示了传统文化与现代文明的深度融合，实现了会展与旅游的共生。

资料来源：乌镇旅游官方网站，http://www.wuzhen.com.cn/.

一、欣赏国际展会风格

（一）认识国际会展业

会展业又称会展经济，是一种通过举办各种形式的会议、展览或展销，以获取直接或间接经济效益和社会效益的经济行为。自 1851 年首届世界博览会在英国伦敦成功举办以来，世博会因其发展迅速而享有"经济、科技、文化领域内的奥林匹克盛会"的美誉，被世界各国所重视。1933 年美国芝加哥世博会第一次确立了世博会的主题（一个世纪的进步），1970 年日本大阪举办了第 25 届世博会（人类的进步与和谐）标志着亚洲城市的崛起。随着经济全球化的发展，会展业在世界贸易往来、技术交流、信息沟通、经济合作及增加就业等方面发挥着日益重要的作用。

欧洲是世界会展业的发源地，经过150多年的发展，欧洲会展经济在国际上规模最大，整体实力最强。德国、意大利、法国、英国都已成为世界级的会展业大国。绝大多数世界性大型和行业顶级展览会都在欧洲举办，专业贸易展览会约占世界总量的60%以上，其展出规模、参展商数量、国外参展比例、观众人数、贸易效果及相关服务质量等方面，均居世界领先地位。德国号称"世界展览王国"，拥有23个大型展览中心，其中超过10万平方米的展览中心有9个；在全球前5位的展览中心中，德国占4个；德国展览中心总面积达240万平方米。德国每年要举办400多个国际展会，在全世界影响较大的210个专业性国际贸易展会中，几乎2/3都在德国举办。德国展览机构在全世界的办事机构达386个，形成了全球化展览网络。德国会展业的鲜明特点是，许多专业性展览会都是依托城市产业而发展起来的，例如工业重镇汉诺威的工业博览会，杜塞尔多夫的国际印刷、包装展，旅游城市纽伦堡的玩具展等。法国每年举办1500多个展览会，展馆分布于全国80个城市。意大利有40多个展场，每年办展达700多个，国际展览会举办地主要集中在米兰、博洛尼亚、巴里和维罗纳四个城市，米兰国际展览中心是世界第二展场。英国展会规模以中、小项目为主，但英国却培育了励展集团、蒙哥马利展览公司等享誉世界的跨国展览公司，能在英国本土之外举行大规模的著名展览会。

北美的会展业虽然起步较晚，但发展较快。美国举办会展的数量和会展业直接收入均居世界首位。亚洲会展规模和水平仅次于欧美，其中新加坡国际展会规模和次数均居亚洲第一位，我国香港被誉为"国际会展之都"，日本也是世界展览强国。

【旅游生活】

赌城拉斯维加斯：美国的会展之都

拉斯维加斯，位于美国内华达州南部沙漠地带。1859年发现了储量丰富的金银矿藏，经过半个世纪的挖掘，资源枯竭、人走城空。第一次世界大战后开始发展博彩业，1930年人口为5165人，1940年人口达到8422人。

20世纪60年代，阿拉斯加的旅游业及娱乐业成为最大的产业，富丽堂皇的酒店度假村逐渐兴起。1960年人口已达6.4万。随后七八十年代不断有公司投资酒店及娱乐场，所有的注意力都集中到拉斯维加斯大道上，世界上十家最大的度假旅馆就有九家在这儿，其中最大的是拥有5034间客房的米高梅大酒店。大道两边充塞着自由女神像、埃菲尔铁塔、沙漠绿洲、摩天大楼、众神雕塑等等雄伟模型，模型后矗立着豪华的赌场酒店，每个建筑物都是精雕细刻。1980年人口升至16万多。

20世纪90年代中期，拉斯维加斯利用博彩业带来的人气大力发展会展经济，倾力打造国际会展中心，其优势在于聚集了世界最多的金钱、建造了世界最大最多的宾馆饭店。1995年人口36.8万，成为美国发展最快的城市。

目前，拉斯维加斯以文化产业为主，人口发展到190多万。博彩业是全州的主要经济支柱，占财政总收入的40%。其次是会展经济，每年在这里举办各类国际博览会3000多个，并且每年都新增几十个展览，会展收入占财政总收入的25%。第三是娱乐业，拉斯维加斯拥有2000间以上客房的饭店41家，共拥有客房43万套，为客人提供吃喝玩乐一体化服务，还有包括魔术、歌舞、水上芭蕾、音乐等各类世界巡回演出。第四是观光旅游业，每天起降飞机达到950架次，平均一分半钟起降一架次飞机，每年到这里

· 97 ·

的游客约4800万人。如今拉斯维加斯是美国内华达州最大的城市，有着以赌博业为中心庞大的旅游、购物、度假等产业，是世界知名的度假地之一。

资料来源：https://baike.baidu.com/item/拉斯维加斯/.

（二）国际会展业的发展趋势

1. 展会内容专业化。由于专业展览会能够集中反映某个行业或其相关行业的整体状况，具有更强的市场功能，明确展览主题和市场定位，展览会才对参展商或与会者有足够的吸引力。

2. 展会规模大型化。随着会展业的竞争日趋激烈，各举办机构已不再局限于吸引本国、本地区的参展单位，而是力争提高国际参与程度，促进展会的规模越办越大。

3. 会展公司集团化。会展业是一项投入大、回报快的产业。因此，对会展企业的资产总额、人力资源和技术力量等提出了很高要求。实力雄厚的展览公司则以资本为纽带，采取联合办展、收购展会、资产兼并等方式不断壮大公司规模。

4. 会展设备现代化。科技迅猛发展以及大量新工艺、新材料的出现，设备现代化成为展会标准、展览内容、展览形式的共同要求。

5. 举办国家多元化。近些年，发展中国家尤其是亚太地区在国际会展业中的地位得到显著提高。在国际会议市场上，欧美国家所占的份额已从过去的80%下降至60%。为抢占国际会展市场，发达国家的跨国展览公司开始向海外扩张。

二、订制我国的城市面包

（一）国内会展业的现状

国际上，会展旅游是商务旅游市场份额最大的一种旅游类型，会展业素有"城市的面包"和"经济的晴雨表"之称。

我国会展业起步晚，20世纪90年代开始快速发展。随着加入世贸组织以及2008年北京奥运会和2010年上海世博会成功举办，国内的展览活动空前活跃。据不完全统计，全国正式注册的展览场馆170个，可供展览面积500万平方米（不包括展览面积2000平方米以下的会展中心和展览场馆），全国每年举办各类展会3000多个、出国办展览800多个、节庆活动5000多个、参加会展观众2000万人次。会展业成为我国经济发展的新亮点。

目前，我国基本形成了五大会展经济带：长三角会展带（以上海为中心）；京津唐会展带（以北京为核心）；珠三角会展带（以广州中心，香港为龙头）；东北会展带（以大连为龙头，沈阳、长春和哈尔滨为中心）；中西部会展带（以成都、昆明和西安为中心）。国内比较著名的会展有广州的广交会、杭州的西博会、深圳的高交会、北京的科博会、宁波的服装节、北京国际家电展览会，以及中国国际工业博览会、上海全国（消费）商品展销会、全国旅游交易会等。

【旅游生活】

广交会：中国外贸的晴雨表

中国进出口商品交易会（The China Import and Export Fair, Canton Fair），简称广交会，被誉为"中国第一展"。展馆坐落于广州市琶洲岛，建筑总面积110万平方米，室内展厅总面积33.8万平方米，室外展场面积4.36万平方米。

新中国成立后，为了打破封锁发展对外贸易，1957年4月由商务部和广东省人民政府联合主办、中国对外贸易中心承办"中国出口商品交易会（周恩来总理提议简称为广交会）"。每年春秋两季举行，是中国历史最长、层次最高、规模最大、商品种类最全、采购商最多、分布国别地区最广、成交效果最好的综合性国际贸易盛会。

从 2007 年 4 月第 101 届起,广交会由中国出口商品交易会更名为中国进出口商品交易会,由单一出口平台变为进出口双向交易平台。目前,每届广交会展览规模达 118.5 万平方米,境内外参展企业近 2.5 万家,210 多个国家和地区约 20 万名境外采购商参会。广交会以出口贸易为主,也做进口生意,还可开展多种形式经济技术合作与交流,以及商检、保险、运输、广告、咨询等业务活动。

广交会打开了通向世界的大门,成为中国与各国平等互利、互通有无、对外贸易的时代窗口。新时代,历经 63 年发展的广交会,成为中国与世界的贸易往来的优质平台,是我国外贸发展战略的引导示范基地,已成为中国外贸的晴雨表和风向标,是中国对外开放的窗口、缩影和标志。

资料来源:中国进出口商品交易会官方网站,http://www.cantonfair.org.cn/cn/index.aspx.

(二) 上海世博会的价值

现代世博会是一项由政府或政府委托有关部门举办的影响较大的国际性博览活动,参加者可以借此向世界各国展示当代的文化、科技和产业上的各项先进成果。早期世博会比较重视对微观的探索和发明,后来重视宏观的探索和创新。各国通过世博会平台相互交流和碰撞、求同存异、共同发展,形成了以交流、学习、创新为主要特征的世博精神。

世博会分两类,一类叫综合性世博会(注册类),其展出内容范围大、规模大,展出时间 5~6 个月,从 1995 年开始每 5 年举办一次。2000 年以后的综合性世博会有,2000 年德国汉诺威世博会、2005 年日本爱知世博会、2010 年上海世博会、2015 年米兰世界博览会。另一类叫专业性世博会（也叫认可类），展出的内容较为专业，如海洋、环境、运输、信息、园艺等，通常在两次综合性世博会之间举行，1999年我国昆明举办了世界园艺博览会。

自1982年起到上海世博会举办前，我国先后12次参加世博会，2001年向国际展览局递交申请函，在摩洛哥蒙特卡洛举行的国际展览局第132次大会上投票决定中国上海获得2010年世界博览会举办权。

上海成功申办2010年世界博览会，为上海的城市建设、环境保护、经济和社会发展、提升城市品位和市民综合素质带来了巨大的机遇和挑战。世博会将带来的主要经济效应主要表现在推动上海产业结构的调整、带动基础设施建设的升级、对GDP的贡献效应、增加就业机会以及后续经济效应等。同时，世博会给上海带来其他效应，如推动发展中国家在国际经济活动中的参与度，提高上海的知名度和区域辐射效应等。

时任中国国务院副总理、上海世界博览会组委会主任委员王岐山在闭幕式上致辞说，上海世博会汇聚人类文明创新的成果，拉近了中国和世界的距离，一个更加开放、包容、文明进步的中国将与世界各国一道，共同迎接无限光明的未来！王岐山回顾说，在过去的184天里，我们走过了一段成功、精彩、难忘的世博之旅，190个国家、56个国际组织以及中外企业踊跃参展，200多万志愿者无私奉献，7308万参观者流连忘返，网上世博永不落幕，这一切共同铸就了上海世博会的辉煌。

国际展览局主席蓝峰致辞时表示，中国2010年上海世博会是一个巨大的成功。这是中国的成功，这是上海市的成功，也是世博会事业的成功。国际展览局及其成员都对此满怀喜悦之情。上海凭借其优秀的组织才能、对成功的执着追求以及出色的国际推介，向世人表明世博会总是能展示出特有的魅力。

三、做足会展旅游的功课

（一）会展旅游的特点

1. 会展旅游的消费能力强。参加会展活动的公务人员等一般职务较高，有一定影响力，其消费以公务消费为主，其吃住行彰显一定公司或部门的经济实力，公司也希望通过代表的活动树立同行形象，加强在客户心目中的印象。这些商务客人消费档次高，规模大。在会展或节事期间，所在地的酒店是直接受益者，入住率高，并带动酒店及周边餐饮业的消费。

2. 出行人数多自行成团。会展通常会吸引为数众多的参观者和观众，通常比旅行社日常团规模大，人员固定，双方沟通容易，出行路线清楚。

3. 出游机会多。会展旅游依会展活动时间而定，短则3~5天，有的时间跨度很长，为就近休闲旅游活动提供了机会，使游客放松、愉悦。

（二）会展期间可以体验各种活动

1. 旅游表演。会展活动通常会有各种各样的旅游表演，在上海、北京、广州、天津、大连等城市都会有大型的年度旅游节目。在会展所在城市的"旅游节目""旅游展览会"中搜索自己感兴趣的活动，根据时间等具体情况，选择性参加，真正体验一下会展文化和城市文化。

2. 提前购买门票。会展活动中有免费公益节目，也有许多节目是需要提前购买门票入场。如果在网上购买通常可以打折；如果该节目持续多天，也可以获得购买两日或多日以及更多折扣的通行证。根据自己的时间和行程，提前做好准备。

3. 做足旅游展会功课。会展旅游中,每个供应商都会提供特殊旅行优惠、折扣、奖品、赠品和抽奖活动的一些组合,以吸引游客。如果你没有时间访问每个展位,因此请使用该会展网站来确定您感兴趣的折扣和优惠。这样就有机会获得最具吸引力的折扣和免费赠品,不要忽视一些免费的普通资料,如徽章笔、鼠标垫、钥匙链、飞盘等,它和展会一样带给人们的是愉快、记忆和文化。

4. 享受其他活动。会展中,可以与感兴趣的展位和供应商代表交谈,交谈也是一种彼此的学习和了解,供应商代表知识渊博、热情洋溢,能够告诉你相关领域的许多知识,对你的选择和决定具有相当大的作用和影响。同时,有机会还要参加各种讲座和演示,多种多样的营销活动,都会给工作、学习和生活带来一些帮助和启迪。最后,如果有机会,还要尝试参与一些表演和项目,这种动感十足的活动会增加会展旅游的乐趣,丰富自己的会展内容,愉悦身心,消除疲劳。

【旅游生活】

北京会展:一架国际沟通的桥梁

北京会展业在国内起步较早,每年举办的国际展较多,像图书博览会、京交会、茶博会、咖啡展、信息通讯展、美博会、建筑装饰材料展、汽车用品展等等,知名的展馆有中国国际展览中心(老馆)、北京国际会议中心、北京全国农业展览馆、中国国际展览中心(新馆)、北京展览馆、北京九华国际会展中心、中国国际贸易中心等多个,平均每月有10个左右的国际展会在京举办,北京会展仅次于上海和广州。

北京的旅游局在会展与旅游之间架起了通畅的桥梁。除了对申办国际会议的组织机构提供培训服务以及各种旅游宣传光盘、书籍等实物支持外,在每一个国际会展申办成功后,旅游局会免费提供各种信息咨询及其他服务,可以根据主办者要求提供住宿、餐饮、娱乐、旅游等信息,可以出面调解会展活动中消费场所价格等,为会展活动主办者做好服务。

以北京车展为例,即北京国际汽车展览会。1990年创办,每两年在京举办一次,由最初的17个国家和地区、不到400家展商的普通专业展会,发展到有近20个国家和地区、1200家厂商的国际品牌汽车专业展会。2018年北京车展,包括全球首发车型105辆、概念车型64辆、新能源车型174辆(其中中国车企新能源车型124辆)。过去是单纯的产品展示,当今成为企业发展战略发布、全方位形象展示的窗口、全球最前沿技术创新信息交流的平台、最高效的品牌推广宣传舞台,北京国际车展不仅展出汽车整车,而且展出汽车零部件、产品开发新技术、加工制造设备、新材料、新工艺、检测维修设备和汽车用品等,同时,还举办各种技术交流会及专业论坛。

北京国际汽车展强调展会的服务、普及汽车知识及文化传播的功能。除了展示功能外,车展还精心设计了汽车知识竞赛,拆装轮胎大赛,汽车摄影大赛、车展模特大赛、现车竞拍,酷车DIY等融知识性、实用性、趣味性、娱乐性为一体的现场活动,体验式、开放式、交互式的形式提高了参展方和参观者对展会的认同感。

北京国际汽车展览会的规模逐届扩大,新产品、新技术不断推出,随着中国汽车市场和汽车工业的不断发展,目前在国际上已有巨大影响。北京国际汽车展览会作为国内规模最大,在国际上有广泛影响的国际汽车展事之一,为中国汽车工业的发展,为中国会展业向国际化水平迈进做出了卓越的贡献。

资料来源:北京市文化和旅游局,http://whlyj.beijing.gov.cn/.

附录　国家全域旅游示范区有你的家乡吗

2016年，国家旅游局先后公布两批国家全域旅游示范区创建名单，首批国家全域旅游示范区创建名录262个，第二批国家全域旅游示范区创建名录238个，总计500个。你的家乡在里面吗？

江苏省

首批：苏州市、南京市秦淮区、南京市江宁区、徐州市贾汪区、金湖县、盐城市大丰区、句容市、兴化市。

第二批：高邮市、南京市、镇江市、无锡市滨湖区、无锡市梁溪区、宜兴市、常州市新北区、常州市武进区、常州市金坛区、溧阳市、如皋市、淮安市淮安区、淮安市清河区（现淮安市清江浦区）、洪泽县（现淮安市洪泽区）、盱眙县、连云港市连云区、东海县、盐城市盐都区、东台市、宿迁市湖滨新区。

北京市

首批：北京市昌平区、北京市平谷区、北京市延庆区。

第二批：门头沟区、怀柔区。

天津市

首批：天津市和平区、天津市蓟县、天津市生态城。

河北省

首批：石家庄市平山县、邯郸市涉县、保定市易县、保定市阜平县、保定市安新县、保定市涞源县、保定市涞水县、张家口市张北县、张家口市蔚县、唐山市迁西县、秦皇岛市北戴河区。

第二批：秦皇岛市、张家口市、承德市、迁安市、遵化市、武安市。

山西省

首批：晋中市、长治市壶关县、长治市平顺县、晋城市阳城县、朔州市右玉县。

第二批：忻州市、太原市阳曲县、大同市灵丘县、大同县、浑源县、长治市黎城县、武乡县、晋城市泽州县、临汾市洪洞县、吉县、隰县、运城市永济市、芮城县、吕梁市岚县、交城县。

内蒙古自治区

首批：包头市达茂旗、赤峰市宁城县、锡林郭勒盟二连浩特市、鄂尔多斯市康巴什新区、兴安盟阿尔山市。

第二批：鄂尔多斯市、阿拉善盟、包头市石拐区、土默特右旗、赤峰市克什克腾旗、呼伦贝尔市满洲里市、额尔古纳市、兴安盟乌兰浩特市、锡林郭勒盟多伦县。

辽宁省

首批：盘锦市、沈阳市沈北新区、大连市瓦房店市、抚顺市沈抚新城、本溪市桓仁满族自治县、丹东市凤城市、丹东市宽甸满族自治县、锦州市北镇市、葫芦岛市兴城市、葫芦岛市绥中县、朝阳市喀左县。

第二批：本溪市、锦州市、沈阳市浑南区、大连市庄河市、鞍山市岫岩满族自治县、营口市鲅鱼圈区、阜新市阜蒙县、辽阳市弓长岭区、朝阳市凌源市。

吉林省

首批：吉林市、长白山、长春净月国家高新技术产业开发区、长春市九台区、长春市双阳区、通化市辉南县、通化市柳河县、通化市集安市、通化市通化县、白山市临江市、白山市抚松县、延边州敦化市、延边州延吉市、延边州珲春市、梅河口市。

第二批：四平市伊通满族自治县、通化市东昌区、延边朝鲜族自治州和龙市、延边朝鲜族自治州安图县。

黑龙江省

首批：伊春市、哈尔滨市阿城区、哈尔滨市宾县、大庆市杜尔伯特蒙古族自治县、黑河市五大连池市、大兴安岭地区漠河县。

第二批：黑河市、绥芬河市、大兴安岭地区、齐齐哈尔市碾子山区、鸡西市虎林市、佳木斯市抚远市、牡丹江市东宁县。

上海市

首批：上海市黄浦区、上海市青浦区、上海市崇明区。

第二批：松江区。

浙江省

首批：杭州市、湖州市、丽水市、宁波市宁海县、宁波市象山县、衢州市开化县、舟山市普陀区、台州市天台县、台州市仙居县。

第二批：衢州市、舟山市、宁波市奉化区、温州市文成县、永嘉县、绍兴市新昌县、嘉兴市嘉善县、桐乡市、金华市浦江县、磐安县。

安徽省

首批：黄山市、池州市、合肥市巢湖市、安庆市岳西县、安庆市太湖县、安庆市潜山县、宣城市绩溪县、宣城市广德县、宣城市泾县、六安市霍山县、六安市金寨县。

第二批：宣城市、合肥市庐江县、马鞍山市含山县、淮北市烈山区、淮北市相山区、铜陵市枞阳县、安庆市宜秀区、滁州市南谯区、全椒县、阜阳市颍上县、宿州市砀山县。

福建省

首批：平潭综合实验区、莆田市仙游县、三明市泰宁县、泉州市永春县、漳州市东山县、南平市武夷山市、龙岩市永定区、龙岩市连城县、宁德市屏南县。

第二批：厦门市、福州市永泰县、泉州市德化县、龙岩市武平县、三明市尤溪县、三明市建宁县。

江西省

首批：上饶市、鹰潭市、南昌市湾里区、九江市武宁县、赣州市石城县、吉安市井冈山市、吉安市青原区、宜春市靖安县、宜春市铜鼓县、抚州市南丰县、抚州市资溪县。

第二批：景德镇市、新余市、萍乡市芦溪县、宜春市宜丰县、吉安市安福县、赣州市瑞金市、龙南县。

山东省

首批：烟台市、临沂市、济南市历城区、青岛市崂山区、淄博市沂源县、枣庄市台儿庄区、枣庄市滕州市、潍坊市青州市、潍坊市临朐县、威海市荣成市、威海市文登区、日照市五莲县。

第二批：济南市、泰安市、威海市、日照市、莱芜市、枣庄市山亭区、济宁市曲阜市、滨州市无棣县、聊城市东阿县。

河南省

首批：郑州市、济源市、洛阳市栾川县、洛阳市嵩县、安阳市林州市、焦作市修武县、焦作市博爱县、南阳市西峡县、信阳市新县、信阳市浉河区。

第二批：焦作市、郑州市巩义市、洛阳市洛龙区、孟津县、平顶山市汝州市、舞钢市、鲁山县、鹤壁市淇县、新乡市辉县、许昌市魏都区、鄢陵县、三门峡市灵宝县、卢氏县、商丘市民权县、南阳市南召县、信阳市商城县。

湖北省

首批：恩施土家族苗族自治州、神农架林区、仙桃市、武汉市黄陂区、黄石市铁山区、宜昌市远安县、宜昌市秭归县、宜昌市长阳县、黄冈市麻城市、黄冈市罗田县、黄冈市红安县、咸宁市赤壁市。

第二批：宜昌市夷陵区、五峰土家自治县、黄冈市英山县、咸宁通山县。

湖南省

首批：张家界市、湘西土家族苗族自治州、长沙市望城区、株洲市炎陵县、湘潭市韶山市、湘潭市昭山示范区、邵阳市新宁县、岳阳市平江县、常德市石门县、郴州市桂东县、郴州市苏仙区、怀化市通道县、娄底市新化县。

第二批：怀化市、衡阳市南岳区、邵阳市城步苗族自治县、永州市东安县、江永县、宁远县、岳阳市湘阴县、临湘市、郴州市资兴市、汝城县、宜章县、长沙市浏阳市、宁乡县、长沙县、益阳市安化县、桃江县、株洲市醴陵市、娄底市涟源市。

广东省

首批：深圳市、珠海市、中山市、江门市开平市、江门市台山市、惠州市博罗县、惠州市龙门县。

第二批：韶关市、惠州市、梅州市、广州市番禺区、阳江市海陵岛试验区、清远市连南县、揭阳市揭西县。

· 109 ·

广西壮族自治区

首批：北海市、南宁市上林县、柳州市融水县、桂林市兴安县、桂林市阳朔县、桂林市龙胜县、百色市靖西县、贺州市昭平县、河池市巴马县、崇左市凭祥市。

第二批：南宁市、贺州市、桂林市雁山区、恭城瑶族自治县、防城港市东兴市、钦州市钦南区、玉林市容县、河池市宜州市、来宾市金秀瑶族自治县。

海南省

首批：全省各市县区。

重庆市

首批：重庆市渝中区、重庆市大足区、重庆市南川区、重庆市万盛区、重庆市巫山县。

第二批：奉节县、武隆县、石柱县。

四川省

首批：乐山市、阿坝藏族羌族自治州、甘孜藏族自治州、成都市都江堰市、成都市温江区、成都市邛崃市、广元市剑阁县、广元市青川县、雅安市宝兴县、雅安市石棉县、绵阳市北川羌族自治县。

第二批：成都市锦江区、蒲江县、新津县、崇州市、攀枝花市、广元市、雅安市、凉山彝族自治州、巴中市、绵阳市安州区、平武县、泸州市纳溪区、绵竹市、长宁县、兴文县、宣汉县、华蓥市。

贵州省

首批：遵义市、安顺市、贵阳市花溪区、六盘水市盘州市、铜仁市江口县、毕节市百里杜鹃旅游区、黔西南布依族苗族自治州兴义市、黔东南苗族侗族自治州雷山县、黔东南苗族侗族自治州黎平县、黔东南苗族侗族自治州镇远县、黔南布依族苗族自治州荔波县。

第二批：贵阳市、铜仁市、黔西南布依族苗族自治州、黔东南苗族侗族自治州、六盘水市六枝特区、六盘水市钟山区、水城县。

云南省

首批：丽江市、西双版纳傣族自治州、大理白族自治州大理市、保山市腾冲市、红河哈尼族彝族自治州建水县、迪庆藏族自治州香格里拉市。

第二批：大理白族自治州、昆明市石林县、曲靖罗平县、玉溪市新平县、澄江县、红河哈尼族彝族自治州弥勒市。

西藏自治区

首批：拉萨市、林芝市。

第二批：日喀则市、阿里地区普兰县。

陕西省

首批：宝鸡市、汉中市、韩城市、西安市临潼区、咸阳市礼泉县、渭南市华阴市、延安市黄陵县、延安市宜川县、榆林市佳县、安康市石泉县、安康市岚皋县、商洛市商南县、商洛市柞水县。

第二批：渭南市大荔县、铜川市耀州区、安康市宁陕县、商洛市山阳县。

甘肃省

首批：甘南藏族自治州、兰州市城关区、天水市武山县、张掖市肃南裕固族自治县、酒泉市敦煌市。

第二批：甘肃省嘉峪关市、张掖市、兰州市榆中县、白银市景泰县、天水市麦积区、陇南市宕昌县、康县、平凉市崆峒区、临夏回族自治州永靖县。

青海省

首批：西宁市大通县、海北藏族自治州祁连县。

第二批：海东市乐都区、海北藏族自治州、海南藏族自治州贵德县。

宁夏回族自治区

首批：中卫市、银川市西夏区、银川市永宁县、石嘴山市平罗县、吴忠市青铜峡市、固原市泾源县。

第二批：全自治区（5个市22个县区）。

新疆维吾尔自治区

首批：吐鲁番市、哈密市巴里坤哈萨克自治县、昌吉回族自治州木垒哈萨克自治县、博尔塔拉蒙古自治州温泉县、伊犁哈萨克自治州昭苏县、阿勒泰地区阿勒泰市、阿勒泰地区布尔津县、新疆生产建设兵团、新疆生产建设兵团第一师阿拉尔市十团。

第二批：喀什地区、乌鲁木齐市乌鲁木齐县、阿克苏地区乌什县、昌吉回族自治州阜康市、吉木萨尔县、巴音郭楞蒙古自治州博湖县、伊犁哈萨克自治州特克斯县、塔城地区裕民县、新疆生产建设兵团第一师16团、新疆生产建设兵团第六师青湖经济开发区101团、新疆生产建设兵团第七师126团、新疆生产建设兵团第八师石河子市、新疆生产建设兵团第九师161团、新疆生产建设兵团第九师165团、新疆生产建设兵团第十师北屯市、新疆生产建设兵团第十师185团。

参考文献

1. 李金早. 推进全域旅游实施三步走战略 [N]. 中国旅游报, 2017-02-13.
2. 杜一力. 中国旅游业经历的四个主要发展阶段 [N]. 中国青年报, 2018-08-02.
3. 石培华. 如何认识与理解全域旅游 [N]. 中国旅游报, 2016-02-03.
4. 杨柳松, 周璇. 慢旅游的概念、本质与特征研究——基于游客视角的探讨 [J]. 旅游研究, 2018 (1).
5. 李辉, 明庆忠. 国内外休闲度假旅游发展比较研究 [J]. 南阳师范学院学报, 2012 (3): 65-68.
6. 姚蔚蔚, 尹启华. 我国乡村旅游存在的问题及发展策略 [J]. 农业经济, 2018 (1).
7. 唐小辉. 从马斯洛需求层次理论看美国旅游的人文关怀 [J]. 湖南科技学院学报, 2015 (11): 94-97.
8. 张辉, 岳燕祥. 全域旅游的理性思考 [J]. 旅游学刊, 2016 (9).
9. 郑辽吉. 乡村生态旅游开发研究——以丹东市为例 [D]. 长春: 东北师范大学, 2013.
10. 陈福义, 范宝宁. 中国旅游资源学 [M]. 中国旅游出版社, 2002.

11. 杨桂华,陶梨. 旅游资源学 [M]. 云南大学出版社, 2000.

12. 单晨. 国外全域旅游发展经验与启示 [DB/OL]. 中国社会科学网, http://www.cssn.cn/skyskl/skyskl_jczx/201807/t20180709_4498443.shtml.